親も子もハッピーになる最強の子育て

「かしこい塾の使い方」主任相談員
小川大介

もくじ

contents

CHAPTER 1
共働き子育てはもっとハッピーになる
【一人で抱え込まなくても大丈夫】

CHAPTER 2

小さいうちから自立してもらって、親はラクしよう
［夫婦間のビジョン共有がベース］

CHAPTER 3

時間の使い方を工夫すれば、笑顔が増える

【自分からやる子に育てる方法】

CHAPTER 4
勉強は「見守り上手」が、やる気を引き出す
［自分で学べる子に育てる方法］

CHAPTER 5

ほめる仕組み作りで、自信を育む

［自分のことが好きな子に育てる方法］

CHAPTER 6
「小4の壁」対策は今日からはじめられる
［将来の不安を限りなくゼロに近づける］

編集協力 ものの芽企画

CHAPTER 1

共働き子育ては もっとハッピーになる

［一人で抱え込まなくても大丈夫］

1-1 共働き家庭はみんな悩んでいる

親御さんが抱えるジレンマ

少しでも早く仕事を仕上げようと1日がんばり、一人で待っている子どものことを気にしながら足早に帰宅してみると、目に飛び込んだのはソファーに寝転んでゲームに興じている小1の息子の姿。

母「宿題は終わったの？」
子「まだー、これからー」
母「学童で終わらせておいてって言ったじゃない」
子「だって……」
母「だってじゃないでしょう、お母さんが帰ってくるまでにやるって約束したよね」
子「そんなの知らない！　やりたくない！」

共働き家庭にありがちな光景ではないでしょうか。

「毎日がこれの繰り返しなんです」と、ご相談を受けることがよくあります。お母さんの表情には、「うちの子はどうしてちゃんとやれないのかしら」という腹立たしさと、「私がそばにいてあげたほうが、本当はいいよね……」という申し訳なさとが同居しています。このようなジレンマに悩むお母さんが、ますます増えているように感じます。


仕事と子育ての両立は、大変ですよね。


もちろん、仕事と子育ての両立に悩むのは、お母さんだけではありません。子育てに家事に、がんばるお父さんが増えています。

職場の理解を得ながら、週に数日は早めに帰宅。「今日は夕飯までの時間を子どもとゆっくり過ごそう」「勉強を見てあげるのもいいな」「理解のある父でいたいけれど、ときには厳しさも示さないとな」などと考えながら玄関のドアを開けると、小４の娘と奥さんがまさにバトル中！

中学受験の進学塾に通っている娘が、どうやら定例テスト前の見直し勉強をうっかり忘れたせいで、楽しみにしていたテレビアニメを観る時間がなくなったらしい。「いつまでももめていてはますます終わらなくなるから、気持ちを早く落ち着かせてあげよう」「失敗からも学ばせてやろう」と、お父さんは声をかけます。

父「そっか、そんなことになっているのか。わかった、次はこうしてみたらどうかな、たとえば……」
子「無理！　学校の宿題もあるんだよ！」
父「そんなの、学校から帰ってきて、すぐやればいいだろう」
子「はぁ？　何言ってんの？　そんな簡単に言わないでよ」
父「やってみたら、意外とすぐできるもんだぞ」
子「お父さん、何もわかっていないんだから、口出さないで！」

ここでイライラが爆発して、引きずるように勉強机に向かわせるお父さん。「弱ったなぁ」とお母さんに助けを求めたり、「落ち着くのを待つしかないな」と食卓で新聞を広げたり……。タイプの違いはあれど、心の中で「もう少しうまく関わっていく方法はないものかなぁ」と考えるところは同じです。

本当に、共働き家庭にはさまざまなジレンマが生じます。

「とにかく時間がない！」

私はこれまで、中学受験向け個別指導教室の代表を長く務め、5000件を超えるご家庭での学習相談を受けてきました。そして、子育てに関するセミナー開催、書籍執筆などの経験をベースに、企業の人材開発に関連するセミナーも実施。さまざまな場面で、社会で働くお母さん方の声を直接耳にしてきました。

その中で私がまざまざと認識したのは、共働き家庭が直面しているとてもシビアな現実でした。

夫婦共に会社員である場合、時短勤務が可能な会社かどうかによっても子育てにかけられる時間は違ってきます。

お子さんを保育園や学童へ預けているケースがほとんどでしょうから、夫婦が日替わりでお迎えに行けるような職場環境なのか、祖父母や親戚など気兼ねなく頼れる人が近くにいるのかなどの条件によって、ご家庭のタイムテーブルは大きく違ってきます。また、親御さんの職種、役職などによる違いもあるでしょう。

その幅はあるにしても、多くのご家庭では基本的な生活を夫婦二人で、ときには一人で回さなくてはなりませんね。そのため、結果として「子どもに振り回されている」ような生活になってしまいます。ですから、みなさんが口を揃えてこうおっしゃいます。

「とにかく、時間がない！」

本当にその通りだと思います。子育て世代は30代、40代の働き盛り世代です。仕事がノッてくる年代であり、社内で重要なポジションを任されるタイミングでもあります。もっと仕事をがんばりたい、結果を出したいという気持ちにあふれていて当然です。

ただ、これだけ女性の社会進出が進んでいながら、多くのお母さん方が、働く自分と母親や妻である自分がうまく共存できていない気がして、「仕事を辞めようかな……」と自問自答の日々を、今まさに送っていらっしゃる。

残念ですが、それが日本の現実です。

負い目、焦りは解消できる

自分が仕事をしていることが子育てのマイナスになってしまうのではないかと、負い目がある。多かれ少なかれ、すべてのワーキングマザーが感じていることではないでしょうか。

子どもができたことで、働き方が変わったというお父さんも少なくないでしょう。以前のように時間的に際限のない働き方から、早く帰宅する生活にシフトできるよう、職場の理解を得るための働き方を模索している方が増えています。

ただ、自分たちより上の年代にそのようなモデルが少ないため、さぐりさぐりというのが実情のようです。

また、奥さんを気遣っているつもりがまだまだやり切れていないことに気づき、「どうしたらいいのかな……」と悩んでいる方も多いと思います。

そうした親御さんの日常と共に、子どもは日々成長していきます。毎日を必死で乗り切っていたら、あっという間に保育園（幼稚園）、小学校。

だから、多くの共働き家庭の親御さんが焦っていらっしゃいます。

子どもがまだ小さいこの時期こそ、子育てをちゃんとしなきゃ！
勉強だけは落ちこぼれないように、しっかりさせなきゃ！
失敗をしたら取り返しがつかない、出遅れないようにしなきゃ！

でも、現実を振り返れば「時間がない！」。この状態から、どう共働き子育てを最適化するかについて、本書では具体的に考えていきたいと思います。

練習の第一歩

「共働き子育て」モデルを考える！

1-2 時間がなくても大丈夫！

子どもに与えようとばかりしていませんか？

共働き家庭でフルタイム勤務の場合、両親のどちらかが帰宅できるのは夕方6時～7時半が大半ですね。夜9時には子どもを寝かせたいとなると、帰宅後の2時間から3時間が勝負で、その間に生活の基本的なことや学校の準備などを済ませなくてはならない。かなりハードなスケジュールが、毎日続くことになりますね。

時短勤務制度がある場合は、夕方にもう少し余裕を持って過ごすことができるでしょうが、お子さんが複数いれば、あれこれとやることが増えます。

子どもに注ぐ愛情も、子どものことを考える想いの総量も、専業主婦家庭か共働き家庭かによって差が出るわけではありません。ただ、物理的な状況には違いが生まれます。

親御さんが家庭にいられる時間が長ければ、子どもに代わって動いてあげられることも多くなりますし、子どもの様子を直接見て気づけることも多くなります。確かに、そういった違いはあります。
だから、多くの共働き家庭が「うちは共働きだから、そうではない家庭よりも不利なのでは？」と感じる気持ちもよくわかります。「そもそもの持ち時間が少ないのだから、がんばらなければ」と思えば、今できる限りのことをしてあげようと思うのが親心です。子どもがまだ小さいこの時期こそ、あれもしてあげたい、これもしてあげよう。勉強だけは落ちこぼれないように。失敗をしたら取り返しがつかないから。

そうなると、どうしても先回りすることになります。焦りがあると、先回りして手を打っておきたくなるのが人間というもの。そうすることで、自分が安心できるからです。

ただ、親が先回りして子どもに与える側に回ると、子育てで行き詰まるリスクがかえって高まるのです。理由は簡単。子どもがいつまでも与えてもらう側でいるからです。

つまり、自分の足で立とうとしなくなります。そうすると、子どもがなかなか自立しない→ますます子育てに手間がかかる→親御さんのストレスが増幅→家庭がうまく回らなくなる→家族全員がストレスフル。

こうした、よくない循環が生じてしまうわけです。

「子育て時間」の増やし方

「もっともっと与えてあげないと伸びない」という思い込みから逃れることができない親御さんを、私はこれまで中学受験の現場でたくさん見てきました。

たとえば、「どうすればうちの子の成績、上がりますか？」といった質問をよく受けるのですが、このように聞かれる方の多くが、「この問題集がいいですよ」といった、与えることで解決できる特効薬を求めているのです。

しかし、世間で「アレがいいらしい」と噂になっているものをそのままコピーして取り入れたら、問題や悩みが見事解決。そういうことは、そうそう起こりませんね。むしろ、たいていは失敗します。こと教育に関しては、それが顕著です。親がわが子に「正解」を当てはめて、変えてやろうというやり方ではうまくいかないのです。

中学校受験の際、わが子を志望校に合格させてあげたいと願うがあまり、与え続けようとする親御さんが本当に多いのです。みなさん、必死でがんばっていらっしゃいます。

でも、一番大切なことができていない。それは「わが子の本当の姿を見る」ということ。どんなことが得意で、何がどれくらいできるのか。子どものいい面に目を向けず、できていない面ばかりに目を奪われています。

ですから、今までは理科があまり好きではなかったけれど、小惑星探査機はやぶさがきっかけで宇宙に興味を持ち、天体の単元が理科の得点源になろうとしている、といったわが子の可能性にも気づくことができません。「まだ、偏差値が60に届いていないじゃない」となってしまうのです。

一方、最初は「与えたがる親」だったけれど、面談を重ねるうちに、これまで目が向けられていなかったわが子のいい面を見ることができるようになり、「あれもこれもやらせるよりも、この子の得意を柱にして、できることを伸ばしてあげよう」と方針転換。入試直前にぐぐっと成績が伸びて、幸せな中学受験体験をされたご家庭もあります。

それは、子ども自身が自分の力を使えるようになったからです。

今、共働き子育て中のお母さんの多くは、「家庭も仕事も」と、ご自身の選択をしっかりと背負っていらっしゃることでしょう。また、お父さんの多くは、そんな奥さんを応援し、一緒にがんばっていくことを心に決めた方々でしょう。

だからこそ、現状をまずは受け止める。「うちって、どういう時間を過ごしている家族？」ということを見直してみることをおすすめしたいと思います。

仕事は仕事、子育ては子育てというふうに二つのものを別々に考えて、そのどちらをも完全にこなそうとしなくてもいいのです。

「時間＝自分たちという家族」です。現実的なタイムテーブルがまずあり、それに合わせて何を取り入れることができるのかを考えていく。そうすれば、「全部やってあげられないのがかわいそう」とか、「仕事をしていなければ、もっとたっぷり手をかけてあげられるのに」と悩んだり、負い目を感じることも減っていきます。

シンプルに、共働きだという現実の上に家族の日常があるというスタートラインに立って、自分たちにとっての子育てを作り出していくのです。

これが、「子育て時間の作り方」。物理的に時間を増やすことはできなくても、「時間がない！」の呪縛から逃れるのは、意外に簡単かもしれませんよ。

練習の第一歩

子どもの力を信じる。自分たちの選択を信じる。

1-3 「仕事は育児の役に立つ」

チーム育児のすすめ

『育児は仕事の役に立つ――「ワンオペ育児」から「チーム育児」へ』（光文社新書）という本があります。企業の人材開発に関する調査・研究に携わっていらっしゃる、あるお二方の共著です。お一方は、働く大人の学びに関する研究を続けておられる浜屋祐子さん、もうお一方は、立教大学教授の中原淳さん（当時、東京大学大学総合教育研究センター准教授）。

この本で主張されているのは、「共働き家庭の夫婦で取り組む育児」を経験することによって、ビジネスパーソンは仕事で必要な業務能力を高めることができるというものです。

また、一般的に「ワーク」と「ファミリー」は両立しづらいものという思い込みがあり、育児の経験は「ワーク」と対極にあると考えられがちですが、子育てによって限られた時間で効率よく仕事ができるようになったという人も実は少なくない。そのあたりを学術調査として明らかにしよう、という取り組みが本の中で展開されています。

お二方の取り組みに、私は深く感銘を受けました。それと同時に、私がこれまで人材開発関係のセミナーでお伝えしてきたことや、日頃考えていることとの共通点を見つけ、うれしく思いました。

この本では「チーム育児」という考え方を提案されていますが、まさにこれからの時代に必要な視点です。お母さんが一人で抱え込まざるを得ない子育てを、最近では「ワンオペ育児」といいますが、その状態での共働き子育ては非常に厳しいものがあります。その状況を打開するには、まずは夫婦が「子育てはチームで行うもの」という認識を共有することです。

そして、その上で、子どもをチームの一員として育てていく。子ども自身にも「自分たちは家族というチームだ」と感じてもらえるような関係性を日々構築し続けていくことが、結局のところ、子どもを伸ばす子育てにつながっていくのです。

では、どうすればチームになれるのか。そのために活用したいのが、親御さんがすでに社会人として当たり前に培い、身につけてきた力、つまり、ビジネススキルです。

仕事をしている人は子育て上手

息子が幼稚園時代、近所のお父さんたちと「父の会」なるものを作りました。飲みながら、子育てや子どもの勉強に関する情報交換をするという気楽なものです。父親同士がつながっていることで、子育てに安心をプラスしたいというのが狙いでした。「本当はただ飲みたいだけでしょ」と、奥さんたちからは突っ込まれていましたが……。

さて、そんな父の会ですが、ときに「妻は子どもを怒ってばかりで、見ているこっちが疲れる。何とかなりませんかね?」といった話になることもありました。

私の答えはきまって、「奥さんをほめてます? 毎日言ってます?」。するとたいてい「さすがに毎日はきついでしょう」と返ってきます。「朝ごはんを食べながら〝おいしいな〟とか、簡単でいいんですよ?」と聞くと、「うーん……、わかるけれど、やっぱり難しいかなぁ」。「でも、仕事では似たようなことをできていたりしません?」と尋ねると、みなさん「確かに、確かに」と納得されます。

たとえば、部下が入社3年目の後輩をうまく指導できずに悩んでいるとします。そういうとき、「君は本当に後輩の面倒見がいいよね、おかげで○○くんは3年目だけどしっかりしてきた」と、客観的な視点から見た部下のいいところを伝えてあげると、やる気が出るだけではなく本人の自信にもなります。できていないところも同様です。

ビジネスの現場は、そうやって互いが互いをよく見たり、互いが持っている情報や意見を交換し合うことで、結束が強くなっていくものです。

このように、「仕事と同じことを、家の中でもやってみたら？」というのが、私からの提案です。共働きのご夫婦が、仕事の現場で日々行っているさまざまなスキルは子育てでも活かせるのではないでしょうか。浜屋さんと中原さんの本になぞらえていうならば、「仕事は育児の役に立つ」のです。それが、共働き家庭だからこそ目指せる「チーム育児」のコツだと考えます。

とはいえ、「組織のチームビルディングと子育ては違う」とお感じになるのかもしれません。

ただ、子育ては夫婦・わが子という身近な存在との関わり合いだからこそ、視野が狭くなってしまったり、冷静でいられなくなったりします。そういうときに、いったんビジネスモードにスイッチしてみるという方法を夫婦が知っておくだけでも、子育てはラクになります。なぜなら、「今、何が起きているんだっけ？」「じゃあ、どうする？」と、自分たちを客観的に見ることができるようになるからです。

夫婦だから話さなくてもすべてわかり合えるかといえばそんなことはなく、ある一定の情報の共有は必要です。「常にＬＩＮＥで」というスタイルがフィットするご夫婦もいれば、「顔を見て直接話したい」というご夫婦もいるでしょう。その方法をどうするかは、ご家庭によってそれぞれです。ビジネスでも、会社や部署ごとにそれぞれのやり方を模索しながらオリジナルの文化や土壌を作り上げるのと同じです。手段は選べます。

仕事をしていれば、情報共有、タスク管理などさまざまな能力が問われますね。コミュニケーション力や問題解決能力もなくてはならないし、粘り強さなどのメンタル力や探求力、想像力といった知的好奇心も問われます。

それらはすべて、子育てに必要なもの。仕事をしている方は、それだけで子育て上手といえると思います。ですから、今すでにみなさんが持っている力をうまく使って、もっと子育てをハッピーにする発想を、お渡ししたいのです。

練習の第一歩

子育てに役立つ自分のビジネススキルをチェック！

1-4 新しい子育てモデルのすすめ

高度経済成長時代スタイルには無理がある

総務省のデータによると、共働き世帯の数は１９９７年以降、常に専業主婦世帯数を上回り、２０１４年には夫婦世帯の約62％が共働きとなったそうです。

さらに子育て世帯に限れば、夫婦と子どもがいる共働き世帯の数は２０００年には５５７万世帯でしたが、２０１６年には６９０万世帯と25％も増えています。

しかもこの間、少子化は進んで子育て世帯全体の数は減ってきていますから、子育て世帯に占める共働き世帯の比率は、まさに急激に高まっているわけです。

時短勤務をはじめとする、子育て支援。業種によっては、「コアタイムフリー＆完全フレックス」といったシステムを積極的に導入し、子育てがしやすい環境を整え、よい人材を確保して、結果として収益へつなげようという試みをする企業もあります。

しかし、それらを実践しているのは感度の鋭い経営者に率いられた中小企業が中心で、大企業はまだまだこれからのようです。

大企業の多くが高度経済成長時代に作られた古い体質のまま、現在に至っています。人事評価などのシステムができあがっているため、従来の枠からはみ出る働き方に対応するのもひと苦労なのでしょう。従来の枠、つまり働き手のモデルはあくまで男性で、女性はその補佐的な役割という、専業主婦モデルのままなのです。

働く自分も親である自分も地続き

さまざまな企業の人事担当の方と話をしていて気づくのは、結局のところ、子育てがどのようにしんどいのかということを肌身で実感している幹部男性が少ないという問題です。

日本社会の場合、組織の制度を作るのは男性が主です。ですから、働く女性が社内で子育ての悩みを共有できるような場所もシステムも生まれてこない。

働くお母さん方は会社では子育ての悩みを出すこともできず、胸に抱え込みながら、仕事を全うしようとしています。仕事をしながらも常に家族のことを気にかけている。労働している時間と家庭にいる時間は重なるものではありませんが、一人の人間の生活として見ると時間は地続きです。

朝、会社のゲートを通過した途端に会社人であれ、夕方、通過したら母に戻れというのは無理があります。両者はそんなにきっちり分けられるものではありません。

私は1973年生まれですが、私くらいから上の世代は、男親が働いている家庭のモデルを刷り込まれている人が多数派です。女性が家族を支えることに徹し切れた時代を見てきた人が多く、どうしてもひと昔前の子育て観、家族観で考えてしまう。その固定概念が男性側に強いと、共働きの現実に即した家庭モデルを作ることができません。

すると、女性側も「家のことも私がしっかり両立させなければ」と悲壮なまでに抱え込んでしまいます。だから、夕方、会社のゲートを通過したら、お母さんは脱兎のごとく家で待つわが子の元へ急ぎます。わが子への愛情と、そして、どうしてもつきまとう負い目に突き動かされて。

ただ、共働き家庭で育った人が私たち世代よりも多い30代、40代前半の人たちは、もう少しゆるやかな関係性を築いていこうとしているように見えます。働く自分たちも、家庭にいる親としての自分たちも地続きだから、過去のモデルに縛られながらの子育てというものは現実的ではないと実感しているのでしょう。

では、どんなモデルを作っていけばいいのか？

「働き方を変えるしかない」と言うのは、簡単です。でも、企業が変わるには、幹部世代の意識が変わるには、まだまだ時間がかかるでしょう。

ですから、今日からはじめられる新しい子育てモデルを考えていきたいのです。

共働き子育てのスタンダードとは

仕事でプロジェクトチームが行き詰まったら、「いったん問題点を洗い出そう」という具合に話し合いが行われるはずです。目の前の問題が一過性のものではないとわかった時点で、根本的な原因究明を行わないとプロジェクトそのものが頓挫します。

しかし、子育てで行き詰まったら、「とりあえず、俺は○○をやるから、君は□□ね」というタスク分担で解決しようとしてしまうことが多々あります。今あるタスクを役割分担すること以外に、思いつかないからかもしれません。

作業分担して互いの負担を軽くするというのは、確かに間違ってはいませんが、タスクの全体量そのものに変化はありません。子育てを、チームによるプロジェクトととらえた場合、これって、かなりまずいですよね。きっとまた、行き詰まってしまいます。

まずい理由は、タスク分担は「しなければならない」と思い込んでいることをただ夫婦で分けただけだからです。そこには、専業主婦を中心とした過去の子育てモデルを何とかして守ろうとする、思い込みの呪縛があるように感じます。「○○してあげないとかわいそう」「○○もできてないとわが子が出遅れる」と、「与える子育て」にもつながる呪縛です。

両親共にがんばっている。その結果、子どもの自立が遠のくという矛盾がつきまといます。

それならば、発想を変えてみませんか。

子どもに、「親は忙しくて、そもそも家にいない」ということに慣れてもらえばいいのではないでしょうか。いかにそのように育てていくかに、親御さんは意識を向けるのです。

共働きがこれほどスタンダードになっているにもかかわらず、共働き子育てのモデルはまだ過渡期にあります。結婚や夫婦の形もさまざまです。これまでのモデルに頼っていては、子育てはどんどんしんどくなります。

「私たち夫婦は、仕事を通していろいろな力を養ってきたから、それをうまく子育てに活用して、自分たちモデルで子育てをやっていきます」と、自信を持って言えるご家庭がこれからどんどん増えていくでしょう。そういう新しい時代に、今まさに突入しているのだと感じます。

練習の第一歩

子どもに「親はそもそも家にいないこと」を伝える。

CHAPTER 2

小さいうちから自立してもらって、親はラクしよう

［夫婦間のビジョン共有がベース］

2-1 自立とは、子どもが今日の過ごし方を決められること

「ずっとついていなきゃ、この子はやらないの？」

小学校へ上がったばかりの男の子がいる、あるご家庭の例です。お母さんはフルタイム勤務。夜7時頃の帰宅に合わせて息子さんも学童から帰り、夕飯ができるまではドリルをやろうねと約束しています。

しかし、勉強の習慣がまだついていない息子さんは、ドリルに向かっても3分で飽きてお母さんのそばへ寄ってきます。お父さんが早く帰宅できた日は、夕飯の支度をする間にお父さんが見てくれるのですが、お母さん一人のときはぐずぐずがはじまります。

お母さんは、「またぁ？」と思いながらも、「そばについていれば素直にやるのだから、まあいいか」と考えました。でも、そこでふと不安がよぎったのです。「この子、ずっと親のどちらかが一緒にいないとやらないの？」。そう考えると、急に不安が大きくな

りました。「それって、いつまで続くんだろう……？」。

共働きかどうかにかかわらず、このように感じたことがある親御さんは多いのではないでしょうか。

親であれば誰しも、わが子に幸せな人生を歩んでほしい、自分の力で生きていける力を養ってあげたい、子が世の中に羽ばたいていく姿を見ていたい、と望むものでしょう。だからこそ、子どもの健康を気遣って栄養を考え、いろいろな体験をさせてあげられる機会を増やし、言葉と態度で子に愛情を伝えようとするのですね。

小学校受験や中学校受験に取り組むのも、子どもにとってよりよい環境、受験生活を通じて子ども自身が考える力や耐える力、乗り越える経験を手に入れ、自分で決めた道を自分の力で歩めるようになってほしいという願いがあってのことだと思います。

そうして子が育っていく過程に、親として一所懸命に関われば関わるほど直面する悩みが、「結局、最後は子どもが自分でやるしかない」という事実です。何を自分でやるしかないのかといえば、なりたい自分を見つけ、目標を持ち、実現させていく行動を重ねるということです。

もちろん初期の段階では、大人が「課題」という形で目標達成のための行動を与え、子どもたちは与えられた課題をこなすことが中心です。しかし、いつまでも与えられた課題をこなすだけでは、社会で生きていく力は身につきません。段階を踏みながら、子ども自らが課題を設定し、クリアしていく力を身につけていかなければなりません。

この課題を設定する力とは、つまるところ目標から逆算して計画を立てることです。そして課題をクリアしていくには、行動をスケジュールに落として実行していく力が必要です。

この力が、子どもの自立と大きく関わっています。

「今日1日」という単位から

ただ、「自分でやれる子に育ってほしい」と願いながらも、まだお子さんが小さい今、具体的に何をすればいいのかがわからないという方が多いのではないでしょうか。「親は忙しくて、そもそも家にいない」ことに慣れてもらい、どんどん自立していってほしいけれど、そのために何をすればいいのか。子どもが自立する第一歩とは、何でしょう。私の考えはこうです。

自立への第一歩は、子どもが今日の自分の過ごし方を、自分で決められること。

つまり、「朝ごはんのあと、何する？」といった、5分先のことについて考えられるようになることです。実は、3歳くらいの小さな子でも、自分の行動を自分で決めることができ、決めた内容を人に伝えることができます。大人が子どもの力に気づいていないだけなのです。

最初はうまく言葉にできなくても、毎日尋ねていると、「朝ごはんのあと、○○をして遊びたい」と言えるようになります。すると次の段階として、「○○よりも□□をしたい」「△△のあとに××をする」など、自分自身で選択できるようになっていきます。

まずは「今日1日」という単位からです。「今日1日」という時間を細分化して考え、自分でどう過ごすかを決められるようになった子は、さらにその先にある、こういう学校へ行きたい、こういうことを体験してみたい、こういう職業に就きたいといった未来についても考えられるようになっていきます。

そして、「今日○○ができた自分はまあまあOKだ」と、行動結果についても自己評価できるようになります。そこまで到達することを、本書では「自立」とします。

「時間の感覚」が磨かれた子ほど自立に近づく

手前味噌ですが、現在小6の息子は、小学校に上がる頃には、朝の30分学習を自分ではじめて自分で終えられるようになっていました。また、小3の頃には、自分で1日のスケジュールを決めるのが習慣になっていました。親がすることは、本人の予定を聞きながら、見やすいようにエクセルで予定表にしてあげるだけのことです。

たとえば、日曜日の過ごし方として「6時から朝ごはん」「6時30分から言葉の学習」「7時15分から理科のテスト直し」「8時はぼの～んとタイム」（アニメ『ぼのぼの』ファンの息子は、まったりと過ごす時間をこう呼んでいました）「8時半から社会の学習」「9時45分に実験教室に出発。12時45分頃、帰ってくる」「お昼ごはんのあとは午後5時まで再びぼの～んとタイム」という具合です。

「6時からまるちゃん！」「6時半はサザエさんだよ」と本人が教えてくれるのを、順に打ち込んでいきます。画面上でスケジュール表ができあがっていく様子を見ながら、「うんうん、そうそう」など確認している姿は、なんともかわいらしいと共に、「大したものだなぁ」と思わせてくれたものです。

■ある日曜日の過ごし方

6:00 ～ 6:30	朝ごはん
6:30 ～ 7:15	ことばの学習
7:15 ～ 7:45	理科のテストのなおし
8:00 ～ 8:30	ぼの～んとタイム
8:30~9:30	社会の学習
9:45 ～ 12:45	実験教室
14:00 ～ 17:00	ぼの～んとタイム

子どもの1日は、子ども自身のものです。誰かに管理されるものではありません。

今日やらなくてはならない勉強を終えるには、各科目についてどれくらいの時間が必要で、どんな順番でいつやれば自分が気持ちよく取り組めそうかということを自分で決められれば、「ぼの～んとタイム」が、どこにどれだけ入っていてもいいわけです。

このようにお話しすると、「お父さんが中学受験指導の専門家だと、やはりそもそものスタートが違いますよね」などと驚かれてしまうのですが、決して特別な能力を使ったわけではありません。

息子も最初は「朝ごはんのあと、何する？」からはじまったのです。「どうすれば、息子さんのようになれるのですか」と聞かれるたびに、「小さな予定を一つ決めさせてあげることから順番に練習していけば、誰でもできるようになりますよ」とお伝えしています。

何千人もの子どもたちに関わり、問いかけの力で成長をお手伝いしてきた経験からも、確信しています。どんな子でも、自分から勉強する子になるし、自主的に楽しみを見つけ、自発的に行動を取れる子になれます。もっといえば、自分から幸福へ向かって歩いていける子になるのです。

そのポイントになるのが、「時間の感覚」なのです。

親御さんがこのことに気づいて子育てをされるかどうかで、お子さんが得られるメリットははかり知れません。もちろん、親御さんにとっても子育てがラクになるという好循環が生まれるのですから、まさに一石二鳥なのです。

練習の第一歩

親がついていないとダメ、という思い込みを捨てる。

2-2 わが子を「よーく観察すること」からはじめる

子育て作戦会議

息子が生まれた頃、私は中学受験専門塾の現場で指導に当たっていました。夜遅く帰宅する分、始業は午後からであることが多く、午前中は家事や育児に関わる自由がありました。

出産前から妻と一緒に育児指導の教室などへ通い、生まれてからも検診などはできるだけ同行しました。一般的なビジネスパーソンの家庭とは異なる環境で、時間の都合がつき、長年子どもの成長に関わる仕事をしてきたこともあって、「子育てに参加するのは当たり前」という感覚でした。

子育てがはじまったかなり早い段階で、夫婦でよく話していたのは「自分のことを自分で決められる子になってほしいね」ということ。仕事柄、親が過干渉になることの弊害を数多く見てきましたし、教育関係者が自分の子を教えようとすると、だいたい失敗することもわかっていました。

私がかなりの面倒くさがり、ということもあります。妻も教育熱心なタイプではないので、「できるだけ手がかからない子育てをしたい」という方針で一致できました。

そこで、「できるだけ早く、自分のことは自分でできるようになってもらおう」と考え、「朝ごはんのあと、何するの?」からはじめたのです。

もう一つ早い段階でコンセンサスが取れていたのが、『○○しなさい』ってあまり言いたくないよね」ということでした。

なるべく言わないようにしようと夫婦で決めていたものの、子どもの成長にしたがって、そうも言っていられない場面が出てきます。「あれしろ、これしろ」と言う妻に、「もうちょぉっと待ったりぃな」と口を挟むと、「そんな簡単にいかないの！　間に合わないんだから仕方がないの！」と文句を言われる時期もありました。

そこでこう考えてみました。「今やらなければいけないことを今言うから、叱る以外に方法がなくなる。ということは、前もって約束する作戦はどうだろう?」

つまりそれは、「朝ごはんのあと、何する?」の延長にあるもので、「これからどこどこへ行ったら○○をする」「そのあと□□してもいいけれど、△時になったら帰ろうね」という類のものです。

たとえば、「これから上野の博物館に行こう」「そのあと、駅で電車めぐりをしてもいいけれど、3時になったら帰ろうね」（息子はコテツです）という具合です。

遊んで気持ちが乗っているときに、急に「そろそろ帰ろうよ」と言われても、子どもは簡単には切り替えることができません。でも先に「3時になったら帰るよ」と約束しておけば、子どももなりに納得して動けることが増えてきます。

「○○しなさい」「□□はしちゃダメ」という方向でわが子に関わり続けると、その方向でしかものが言えなくなります。結果として、親が管理するようになる。それは避けたかったのです。

当たり前ですが、すぐにはうまくいきませんでした。子どもと約束しようにも、熱を出した、吐いた、幼稚園でもめたなど、突発的な出来事が毎日起きる中で、そうそう腰を落ち着けていられないんですよね。子どもの気分もムラがあるから、話せばいいというものでもありません。

子どもの「儀式」を知っていますか

そこで私たちがしたことは、とにかくわが子を観察して、言葉にすることでした。

わが子を自立できる子にする極意は、よーくわが子を観察することです。極端にいえば、それだけで急かしたり過剰に手を貸したり、あるいは叱ったりしなくてもよくなります。これは本当です。

では、よーく観察するとはどういうことかというと、本人なりの動き方の癖を見つけようという目で見ることです。

たとえば、「お風呂あがりにドリルをやる」という決め事を作ったとします。お風呂あがりといっても麦茶を飲んだらすぐ取りかかれるのか、髪の毛が乾くまではのんびりしたいのか、10分ほどペットと遊んでからなのか。その子が活動できるまで、どういう「儀式」が必要なのかということを知るのが、観察です。

それを知らないと、計画を立てようとしても「子どもが実際に動ける予定」にはなりません。

でも、わが子の儀式を知らないまま、「さっさと宿題やりなさい」と命令してしまう親御さんが少なくないのです。自戒を込めて言いますが、お母さんに比べるとお父さんのほうが圧倒的に多いと思います。

なぜなら、男性は日々の生活の中での子どもの育ち方を、具体的にはわかっていないことが多いからです。「今日の給食の献立はあいつの嫌いなメニューだったな。ちゃんと食べられたかな」と、仕事をしながら心配する父親がどれくらいいるでしょう。

一方、母親は、1日中その心配がチラチラと頭をかすめていると思います。ですから、帰宅してわが子の顔を見た途端、「給食どうだった？」という質問が口をついて出るのです。

親の武器とは？

中学受験の学習指導で面談するたびに感じるのですが、勉強の進め方などで困り事を話し出したら止まらない親御さんほど、実は自分の子どものことをよくわかっていません。「○年生になるまでに□□と△△はできるようになるべき！」といった情報は、すぐスマホで検索するのに、肝心のわが子のことは調べられていない。

つまり、お風呂あがりの「儀式」をつぶさに観察しようとはしていないのです。

■○○くんのリスト

・仲がいいお友達 →	□□くん、△△くん
・お友達とする好きな遊び →	鬼ごっこ、ドッジボール
・一番好きな給食 →	カレーライス
・お気に入りのおやつ →	ホットケーキ
・一人でする好きな遊び →	工作
・絶対に見たいテレビ →	「0655」「みいつけた！」
・図書館で借りたい本 →	『かいけつゾロリ』 『スターウォーズ』

「小5になるまでにこの基本は身につけておくべき」といったことは、一般論でしかありません。ちょっと調べたら誰でも語ることができる、単なる情報です。しかし、情報だけでは、わが子は動きません。

親であることの武器とは何か。それは、子どもの一番近くにいることです。物理的に長く一緒にいるという意味ではなく、寝起きを共にするというその一点が親の武器です。

寝起きを共にするから、親は生活の中でのわが子に詳しくなれます。詳しくなれるから、お子さんが一人で動き出せる実行可能なメニューを提案することができるのです。

子どものことをもっと知りたいとお感じになった方は、「知っている・知らないリスト」

を作ってみるといいですね。子どもの友達の名前、一番好きな給食、今お気に入りのおやつ、一番好きな公園の遊具、絶対に見たいテレビ、いつも図書館で借りる本……などなど。小学生のお子さんなら、「○○ちゃんテスト」を子ども自身に作ってもらうのも、おもしろそうです。

わが子のことを具体的に知ろうとしてみると、「あれ？　知らないぞ」ということがたくさん出てきます。すると、わが子を見る目がよーく観察する目に変わります。

練習の第一歩

子どもについて「知っている・知らないリスト」を夫婦で作る。

2-3 「何歳でどうなっていてほしいか」のビジョンを

3ステップで考える

わが子のことをよく観察して知ることが、子どもを自立へ導くために大切だと、お話ししました。では、その後はどうしたらいいのかをまとめると、次のような3ステップになります。

第1ステップ　子どもの行動をよく観察して、子どもを知る。

第2ステップ　夫婦それぞれが気づいたことを情報交換し合う。幼稚園や学校からのお知らせも、どんどん活用する。

第3ステップ　2ステップを踏んだ上で、何ができる子になってほしいかの目標を決め、どういうふうに教えてあげたらできるようになるかの作戦を練る。

わが子をよく知って➡夫婦で情報共有して➡目標を決め作戦を練る。

この3ステップを踏むとどんないいことが起こるのかについて、お話ししていきましょう。

共働き家庭のお子さんが小学校へ上がった途端、親御さんたちの間ですぐさま話題にのぼるのが「小4の壁」なのだそうです。「小1の壁」と呼ばれる、共働き子育てが直面する難しさのさなかにありながら、同時に4年生になったときのことまで不安で仕方がないのは、特に都心では学童へ通える期間が3年生までの地域が多く、子どもの安全な居場所の確保が簡単ではないからです。

親御さんのどちらかが帰宅するまでの時間をどうするか。

「一人でお留守番させるのはかわいそう」「習い事をさせようかな」「だったら塾へ入れたほうが何かと将来的にいいかも」「でも、うちは公立中学のつもりだし」「本格的な中学受験の塾へ入れたとして、共働きでやっていけるのかな」……。このように、未来を想像して堂々巡りしていると聞きます。

お子さんが小さいうちは、今のことに対応していくだけで精一杯。先のことはまたそのときに考えればいいという考え方もあります。どうにかなるさという大らかさも大切ですが、不安を抱えながら多忙な時期を乗り切ろうとすると、どうしても行き当たりばったりになりがちです。

そうなると、かなりしんどい子育てになってしまいますね。そこで、子育てをチームとして考えてみると、「行き当たりばったりにならないように、先のことを考えてみようか」という話になると思います。つまり、「ビジョンを持とうよ」ということです。

夫婦で共有するから価値がある

子育てにおけるビジョンとは、「わが子にどう育ってほしいか」という方向性や目標です。ただ、「優しい子に」とか「いい大学に入れるように」「好きなことを仕事にしてほしい」という漠然としたものではなく、もっと具体的で現実的なものです。

「小4の壁」に照らしていえば、「4年生でどうなっていてほしいか」を考えてみるのです。

浮かび上がるイメージは、ご家庭によってさまざまだと思います。

「4年生のときに一人でお留守番できる子になっていてほしい」のであれば、そこをもう少し具体的に、一人のお留守番が毎日できていてほしいのか、週3日何とかなればいい

■小４でどうなっていてほしいか？

一人でお留守番ができるようになってほしい

□ 毎日？　週２～３日？

そのためには、どんな準備をすればいい？

□ 見てもいい DVD を増やす。

□ 好きなだけできるように、工作の道具を増やす。

□ カギの開け閉めができるようになる。

□ インターホンに出ないなど、約束事を決めて守らせる。

□ 冷暖房が入れられるようになる。

□ おやつを一人で食べて、片づけられる練習をする。

いのか、と考えてみます。そうやって考えていくと、わが子が４年生になったときの姿がだんだんリアルになってくるはずです。

仮に「まずは週３を目指そう」ということになったら、そのために夫婦でどんな準備をしていけばいいのかも見えてくるでしょう。一人の時間に見てもいいＤＶＤを増やす、とにかく好きな工作を好きなだけできるように道具を揃えてあげるというのも具体策の一例です。

あれこれ模索するうちに、「時間つぶしで塾へ入れるなら、中学受験にトライさせよう」という方向に話が進むかもしれません。

その際、塾が多い二つ先の駅まで一人で電車の乗り降りができるようにしておくとか、低学年のうちから大手進学塾の模試だけは受けさせておくなど、今から手をつけておきたいことが明確になります。

まだまだ先のことで見えなかったはずのお子さんの姿がリアルに浮かび上がり、さらに「中学に入ったらどうなっていてほしい？」「どんな高校生になっていてほしい？」と視野が自然に広がっていくでしょう。

子どもをよく観察していれば、どうすればそれを子どもが実践しやすくなるかがわかるので、子どものツボを外さない作戦を練ることができます。その作戦がピタッとハマったとき、親としても大きな喜びを感じられます。

子どもが一人でできることが増え、親はラクになる。将来が楽しみになって、今がどんどん楽しくなる。子育てのこんな好循環は、「〇歳のときに、どう育っていてほしいか」というビジョンなしには生まれないのです。

子育て世帯の夫婦の会話で、日頃一番話題にのぼるのは、子どものことでしょう。毎日、毎日、真剣な会議のように話し合う必要はありませんが、わが子の今日という1日がどういう日だったのかについて話すことは、本当に大切です。「あの子は今日、こんなこと言ってた」「それはおもしろいな！」「すごいよね」「成長したなぁ」と、夫婦でわが子のいいところを見つけ合えるような会話ができたら理想的ですね。

そんな会話を日々重ねているうちに、自然と「こういう人間に育ってほしい」という像が夫婦の間で共有できていきます。すると、そのためにどんな毎日を送ればいいのだろうかという話へも、つなげていくことができます。

練習の第一歩

1日一度、夫婦で子どものことを話す。

2-4 動き出す「そのとき」を楽しみに待つ

タイミングは親にしかわからない

学習指導の現場にいてよく見聞きしたのは、「○歳で○○ができるようになっていてほしい」というビジョンではなく、「何歳で○○ができるようになっていればいいですか?」「何歳から○○をやらせたらいいですか?」といった質問でした。

「辞書は何歳で引けるようになればいいですか?」は、定番ですね。

そうしたあらゆることに対して、私の答えは一つ。「何歳でそうなっていてほしいですか?」という親御さんへの質問返しです。

こちらがそう問いかけるだけで、「ハッ」と気づかれる方もたくさんいらっしゃいます。「私たちは、うちの子にどう育ってほしいと考えているんだっけ?」と、立ち止まったり、振り返ったり、相談をしたりして、お子さんとの関わりを変えていかれます。

そこに気づくだけで、「これをやらせなきゃ」「もっと与えなきゃ」と干渉しがちだった子育てが、少し距離を置いて見守る子育てに変化していきます。

たとえば、辞書とのつきあい方です。

子どもは辞書など使いたがらないと思っていらっしゃる親御さんが多いのですが、楽しみ方を知れば子どもはどんどん自分から引くようになります。五十音を覚え、言葉に慣れる経験は要りますが、語彙が増えてきた段階でタイミングを見計らって辞書を見せれば、「あの分厚い本にはいろんな言葉が載っているんだ」とわかり、興味を持って引き出すということは、子どもにはよくあります。

小さいうちから辞書に慣れるというのは、学習面で非常に有利なだけではなく、知的好奇心を刺激するという視点からもおすすめです。本が好きな子どもなら、語彙が増えることで読書量がもっと増すでしょうし、反対に読書嫌いだった子が、辞書を引く楽しさを知ったことで読書に開眼することもあります。

さらにいえば、中学受験を視野に入れているご家庭ならば、小3で辞書が引けるようになっていることは必須条件です。どんなに遅くても小4では辞書引きが習慣づけられていないと、入試に必要な語彙を増やしていく上で不利になります。小5、小6で受験勉強が本格的になってくると、大人用の辞書にも慣れている必要があります。なぜなら、子ども用の辞書だけでは語彙が足りないからです。

そして、「小4では『明鏡』も引けるようになっていてほしいよね」という目標を立てたなら、親御さんはそこから逆算して、今のうちからやってあげられることを考えていけばいいのです。すると、「辞書は何歳で引けるようになればいいですか?」の答えも、「3歳からめくり遊びしてみようかな」「小1になるタイミングで、辞書引きの練習をはじめようかな」など、具体的なアイデアが考えつくようになります。

ここで、大切なことが一つあります。親御さんが「何歳でそうなっていてほしいか?」とビジョンを考え、将来へイメージを広げ、今できることをはじめたとします。でも、その結果、子どもが実際どうなるかはわからないということを、受け入れておくことです。親としては「やってほしいな」と思うことを、子どもがどうしてもやろうとしないときは、「今はそのタイミングではないんだね」と受け入れましょう。

子どもは子どもの時間を生きていますから、親がいくら考えたところで、子どもの未来を決めることはできません。それでも、そのときまで漠然と子育てをするのか、種をまいて花が咲き実がなるのを楽しみに待つように子育てをするのかでは、親御さんの日常は大きく変わってきます。子どもに届くものも、大きく違いが出ます。

多忙な共働き家庭だからこそ、子どもを「待つ」ために、「〇歳で〇〇ができるようになっていてほしい」というビジョンが欠かせないのです。

「なりたい親像」より「子どもの将来像」

夫婦の間で子どもや子育てに関する会話がうまく進まないときは、親御さんそれぞれがご自身のことを振り返ってみるのが効果的です。親御さんには親御さんの「こんな親になりたい」という像がありますね。子どもを授かって、ああ自分は親になるんだとわかったとき、子育てがはじまる前に、どなたでも思いをめぐらせることです。

中学受験の面談などで、「お子さんのことが見えなくなっているな」「子育てに自信をなくしているのかな」と感じる親御さんにお会いしたとき、「ご自身の『なりたい親像』は、どこから来たものなんでしょうね？」という問いかけをすることがあります。

その「なりたい親像」が、ご自身の得意なものから導かれた親像なのか、今の自分に対してネガティブな思いがあるため変わりたいという思いから導かれた親像なのか。そこをチェックしてもらうための質問です。

もしも、今の自分と一致感の少ない理想像を追い求めているのであれば、親御さん自身が「ねばならない」に縛られてしまいます。その状態は、親御さん自身が苦しいですね。その状態を少しでもラクにしたほうがいいというのが、まずあります。

　さらに、その状態でいるとまずいのは、自分のほうにばかりアンテナが向いてしまい、子どものシグナルに気づけなくなることなんです。

　母親が料理をあまりしなかったので、自分は料理を手抜きしない母親になりたいとがんばっていらっしゃる方がいるとしましょう。でも、子どもは案外「卵かけごはんがいい」という場合もあります。「今、作るから」という親像をやり続けるよりも、「自分で卵割って」と任せていけるようになったほうが、どれほどラクか。

　子どもに自立的に育ってもらうには、親御さんがお子さんのいいところに目を向けることが必要です。それと同じように、親御さん自身が、今の自分に自信を持って子育てをしていく姿勢も必要です。

　そうすると、お子さんの変化を楽しみに待ちながらの子育てもやりやすくなります。

練習の第一歩

子どものいいところ・自分のいいところに目を向ける。

2-5 だから、練習がものをいう

小学校の「登校練習」で気づいたこと

お子さんの小学校入学前、通学路を一緒に歩いてみた方もいらっしゃると思います。今は集団登校の学校が多数派のようですが、子どもたちが集まる場所まではみんな一人です。親としては「一人で行けるのかな」「危険なポイントはないだろうか」など、何かと心配が募りますね。

わが家の学区では、入学式翌日から親が登校に付き添ってはいけないというルールでした。その代わり、入学式前に「登校練習日」が設けられていたので、わが家も息子と一緒に練習してみました。「ここで上級生と合流するんだよ」「この角は狭くて危ないから、曲がるときには左右をよく見ようね」と確認しながらふと見ると、通学路のあちこちでたくさんの家族が練習しています。

とてもいい光景だなと思いました。これは、親の練習だな、と。

もちろん、子ども自身が一人で安全に通学するための「登校練習日」なのですが、「前もって何をするかがわかっていることに対して、時間を取って体験することで、子どもは動きやすくなる」ことを、親が身をもって体験する「練習」にもなっているのです。

この「登校練習日」と同じように、たった1日でも時間を設定して「練習」するだけで、子どもの行動がガラッと変わることがあります。「なんでちゃんとやらないの！」と叱ってばかりだった子育てが、ウソのようにラクになるのです。

子育てにおいては、「練習」という発想はあまり一般的ではありませんね。ですが、親御さんが「これ、練習できないかな」という視点で日常のさまざまなことをとらえるようにするだけで、子ども自身が自分の力でできることを、一つひとつ増やしていくことができるのです。

大事なのは子ども自身の「納得感」

子どもに何かを教えたいときに最も大切にしたいのは、「言って、やらせて」の繰り返しです。のちほどCHAPTER3で詳しくお伝えしますが、「親子で一緒に体を動かす」ということが、とても大事です。

言葉で「こうするんだよ」と言っただけでは、ダメです。「こうだよ、見てて！」とやって見せるのはどうかというと、言葉だけよりはマシですが、それでもあまりうまくいかないでしょう。

ビジネスのOJT（On-The-Job Training）という企業内教育手法をご存じの方は多いと思います。実際の職場で実務を通して学ぶ訓練のことですね。OJTで新人を育てたいなら、「見とけよ」だけでは伝わりません。わからないものは、見えないからです。

ある人事部の人から聞いた話ですが、職種が営業だとすると、ときには、「取引先へ出向いて担当者に会ったときに会釈することに、どんな意味があるのか」という次元から教える必要があるそうです。

まず、「信用できない人からモノを買いたくないよね」と説明をし、一緒に取引先へ出向いた際には会釈をして見せ、会釈をしたら相手も気持ちよく会釈を返してくれて、商談がうまく進んだ、という実体験を積ませます。

その上で「君が担当者だから話が早くて助かると、○○さんが言っていたよ」と、「君が担当することに価値があるのだ」ということを言葉で伝えます。

そうすると、新人さんの中に「納得感」が生まれます。「腑に落ちる」ですね。仕事の現場で実践するのは本人ですから、本人が受け取りやすい形で渡してあげないと、納得感は生まれないのです。

それは、仕事に限らず、人を育てるということすべてに当てはまるセオリーです。

子育てで、「言って、やらせて」は遠回りに感じるかもしれません。手をかける時間がないから困っているのに、これ以上は無理という方もいらっしゃるでしょう。でも、今、手間をかけることで自分でできるようになるのですから、半年、1年の単位で見ると、結局はそのほうがラクで、時短になります。

ですから、将来を見据えたとき、「これだけはできるようになっていてほしい」ということに対しては、とにかく「言って、やらせて」です。ぐずぐずしているように感じて、見ているとイライラしても、そこは待つ「練習」です。

練習の
第一歩

子どもの初トライには、練習日を設けて一緒にやってみる。

2-6

イヤでも自立する「魔法の3フレーズ」

あくまでも「主体はあなた」と伝え続ける

このあと、CHAPTER3からは「自立できる子に育てる」ための具体的な方法を紹介していきます。

そこで、本書を読み進めていく上で知っておいていただきたい、親の基本スタンスについてお話ししておきます。覚えておいてほしいのは、ただ一つ。常に「主体はあなた」と伝え続けることです。

そのままの言葉では子どもには伝わりませんから、次の3フレーズを親御さんは使いこなすようにしてください。

① 「何を手伝ったらいい？」（基本的スタンスの声かけ）

② 「お母さん（お父さん）できないよ～」（子どもの自主性を刺激する声かけ）

③「何があったの？」（あきらめずにやり抜かせる声かけ）

では、一つずつ説明していきます。

①「何を手伝ったらいい？」（基本的スタンスの声かけ）

子どもが、やると言ったことをやっていなかったり、「どうすればいいの？　わかんな～い」とごにょごにょ言い出したとき、「○○をするにはまず□□をするんだよね、次に△△だっけ？　それは自分でやる？　うん、がんばってね。じゃあ、お母さんは何を手伝ったらいい？」という具合にもっていきます。

子どもには「何をしたらいいのかわからない」ということがよく起こります。勉強でもお手伝いでも何でもそうなのですが、行動の過程で一つ疑問が生まれてしまうと、「わからない！」と混乱し、「やーめた」となってしまいます。または、じーっと立ち止まってしまう。

だから、そういうときこそ大チャンス。「○○をやりなさい」とすぐに答えを渡してしまうのではなく、本人の口から行動メニューを出してもらうことを心がけます。そして、このフレーズによって、「やるのはあなた、親はそれを手伝うだけなんだよ」というスタンスを伝えていくのです。

これを親側が徹底していくだけでも、「〇〇しなさい」「ヤダ！」「コラッ！」「うるさい！」といった消耗戦は減少します。「手伝うよ」の声かけが、「主体はあなただよ」と伝えてくれるからです。

②「お母さん（お父さん）できないよ〜」（子どもの自主性を刺激する声かけ）

子どもの生活態度に腹が立って、「なんでやらないの、今からやりなさい」と叱れば、子どもは渋々やるかもしれません。でも、それでは親が子どもを管理してしまうことになります。

毎日多忙でイライラが募ったときこそ「なんでやらないの」ではなく、「お母さん（お父さん）できないよ〜」です。「わからないよ〜」「教えてよ〜」でもいいでしょう。

意外に思われるでしょうが、親が子どもの前で自分にはできない、と告白することは、とてもいいことです。「あなたもチームの一員なんだから、お願いね！」という親の思いが伝わります。

「よろしく頼みますよ、お母さんも明日がんばるから」など、チーム形成をしていくための声かけになっているので、大正解なのです。

つまり、弱みを見せるというのは子どもの自立心を育てる上で非常に有効。大人だから何でも知っていると見栄を張る必要はなく、「わかんないなぁ」「難しいねぇ」と返すのもいいですね。

「一緒に調べる？」と誘えば、子どもの学ぶ姿勢を強化することにもつながります。

③「何があったの？」（あきらめずにやり抜かせる声かけ）

親御さんが切羽詰まったときほど間違って使ってしまうのが、「なぜ」です。主に子どもが失敗したり、うまくできなかったときに、「なぜ、できなかったの？」「なぜ、間違うの？」「なぜ、こんなことがわからないの？」とつい口をついて出てしまいがちですが、これは子どもにとってみれば詰問状態。

特に、親は忙しい、子どもは甘えたいというときに「なぜ攻撃」をされると、子どもの内に本当は芽生えているチャレンジ精神もどんどんしぼんでしまいます。

意識して使いたいのが、「何」。子どもがうまくいかなかったときに、「何があった

■子どもに伝わる言葉づかいの練習

○○やりなさい	→	何を手伝ったらいい？
なんでやらないの？	→	お母さん（お父さん）、できないよ〜！
なぜ、できないの？	→	何があったの？
なぜ、間違ったの？		

命令したり、否定する言葉では子どもには伝わらないのです！

の？」という言葉で聞くようにします。子どもの声に耳を傾ける、大切なフレーズです。「何があったの？」と聞かれると、子どもは自分に起きたことを説明できます。説明できたら、「じゃあ、どうしたらいいかな？」と次につなげる問いかけをしてあげられますね。すると、子どもも、もう一度チャレンジしようという気持ちを持てるのです。

加えてお伝えしておくと、「なぜ」の効果が最大限に発揮されるのは、うまくいったときです。「なぜ、今日はこんなにうまくできたの？」「なぜ、あなただけ選ばれたの？」という使い方を親が練習しておくと、親子の会話がスムーズにいきます。

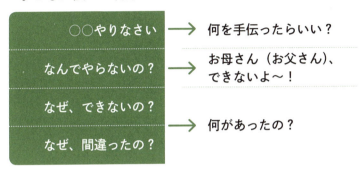

さて、この3フレーズ。最初のうちは、ここぞというタイミングでスラッと口から出てこないかもしれません。癖になっている言い方が、つい感情に任せて出てしまうこともあるでしょう。

ですが、それは使わないようにして、この3フレーズにシフトです。これはもう、親の練習あるのみ。徹底して練習してください。親御さんが意識的に口にするうちに、お子さんの自信を育てることができ、変化が出てきます。

共働きはよい仕組み

本章の最初に、自立できる子にするポイントが「時間の感覚」にあるとお話ししましたね。ただそれは、スケジュールをしっかり立てて、分刻みで動ける子になるためのものではありません。

時間というものを意識しながら、自主的に自分の時間を使えるようになることが大切なのです。自分で考え、自分の思った通りにやってみて、うまくいったりしくじったりしながら、一人で考えて行動できるようになっていきます。

だから、親はできるだけたくさんの時間を子どもに「さあどうぞ、お好きに」と渡してあげたほうがいいということです。そう考えると、イヤでも子どもが「一人の時間」を経験できる共働きは、実は非常によい仕組みだといえるのではないでしょうか。

ずっと子どものそばにいるお母さんが子ども一人を家に置いて出かけようとすると、かなりの勇気が必要だといいます。一方、共働きの場合、そうせざるを得ない。その結果、わが子に自主的な時間というチャンスをたっぷり渡すことができるわけです。

将来自立できる子に育てるには、「これをしてあげたら、この子はできるようになるんじゃないか」という思いを捨てることです。親が与えて何かをやらせる子育てではなく、子ども自身が「何をしようかな」と考えられるような、ゆったりした時間を思い切って持たせる子育てへシフトチェンジしていきましょう。

練習の第一歩

子どもが困っているときには「何を手伝ったらいい？」と声かけを。

CHAPTER 3

時間の使い方を工夫すれば、笑顔が増える

［自分からやる子に育てる方法］

3-1 朝ごはんミーティングで、子どもの今日の予定を聞く

「朝くらい家族全員で」という話ではない

突然ですが、みなさんは1日のはじまりをどんなふうに過ごしていますか。たとえば、こんな様子のご家庭は多いのではないでしょうか。

母「早く食べなさいよ！」
子「わかってるよぉ」
母「あと5分で学校へ行く時間よ！」
子「わかってるってば」
母「お母さん、もう出かける準備するからね（バタバタ！）」
子「……」

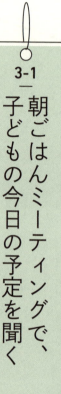

朝は、どこの共働き家庭でも大忙しですね。子どもに朝ごはんを食べさせ、自分たちも出かける準備。早起きして、洗濯や夕飯の下ごしらえをする方や、出勤前にメールチェックや簡単な仕事を済ませるのが習慣の方もいるでしょう。

そんな慌ただしい朝だからこそ、出かけるまでの時間でやらなければならないことを最小限にして、負担を減らしたいという気持ちがあると思います。

そして、多くのお母さんが、自分ががんばることで子どもをギリギリまで寝かせて、子どものリズムで動きやすくなるように支えたいと考えているのではないでしょうか。

冒頭で例として挙げたお母さんもそうなのかもしれませんが、親子の食卓はどうも楽しげではありませんね。お母さんは言うだけ言ってバタバタと自分の支度をはじめてしまい、子どもは取り残されています。

前章で、子どもが自立する第一歩は何か、お伝えしましたね。それは、「子どもが今日の自分の予定を自分で決められること」です。

遊びや勉強を自分からやる子に育てたいと望むなら、ぜひ見直してほしいのが朝。特にキーになるのが、朝ごはんの時間です。共働き子育ては何かと忙しいから、「朝くらいみんなで顔を合わせようよ」という話ではありません。朝ごはんの時間を使って、子どもに今日の予定を尋ね、これから先の時間の過ごし方を教えてもらうのです。
私はこれを「朝ごはんミーティング」と呼んでいます。

「動く子」にするには準備が要る

お子さんがまだ小さい場合、「朝ごはんのあと、何するの？」と、5分後、10分後のことを想像させることからはじめます。最初は「わかんなーい」と言うかもしれませんが、そのうちに「ごはんのあと、ブロックしたい」などと言えるようになります。親御さんが「お母さんは朝ごはんのあと、お化粧するね」「お父さんは、ネットニュースをチェックしよう」という具合に、お手本を示してあげるといいですね。

もう少し大きくなったら、「今日は保育園で何があるの？」「〇〇ちゃんは何をする予定？」という具合に、親が意識的に聞いてあげるようにします。

お子さんが小学生の場合も同じです。「今日は1時間目何だっけ？」「休み時間は何して遊ぶの？」と、その日の予定を具体的に尋ねます。

小さな子の「わかんなーい」が長く続く場合や、なかなか答えたがらない場合は、「じゃあ、何でもいいから今、予定（このあとにやること）を一つ決めちゃいなよ」と言うと、パッと表情が明るく変わったりします。それは、「○○しようかな」と、何か具体的な案が頭に浮かんだ証拠です。

家族揃って、朝ごはんをゆったり食べられる余裕があれば最高ですが、時間をたっぷり取らなければならないということではありません。朝ごはんをサッと済ませても、親御さんは用事をしながらでもいいのです。子どものほうを向いて、子どもが自分の言葉で答えるのを待つ気持ちがあれば、大丈夫です。

「もう年長さんなんだから」「小学生になったんだから（それくらい、できなきゃダメでしょ）」という言い方で子どもを動かそうとしても、ほとんどの場合うまくいきません。なぜなら、動くための準備が子どもにも親にもできていないからです。

そこで、まずは1日のはじまりである朝をその準備に使います。

練習の
第一歩

朝ごはんを食べながら、子どもにその日の予定を教えてもらう。

3-2 朝と帰宅後のサンドイッチ方式を会話のベースに

「どうだった?」と聞くだけでいい

夕方、家族がそれぞれに帰宅。慌ただしく過ごしながらも、親子のコミュニケーションを大切にしたい時間ですね。

さて、朝ごはんミーティングで、子どもの今日の予定を聞いてほしいという話をしました。朝、そういう会話を投げかけておくといいのは、夕方にその話題をもう一度家族で共有できるからです。

お子さんが、「今日は保育園で○○くんと鬼ごっこして遊ぶ」と言ったとしたら、「朝、○○くんと鬼ごっこして遊ぶって言ってたけれど、どうだった?」と聞いてあげます。

朝ごはんミーティングで子どもが話してくれた「今日は○○したい」という自分で立てたその日の予定がどうだったのかを、聞いてあげるだけでいいのです。

聞き方の基本は、「朝、〇〇するって言ってたけれど、どうだった？」。「〇〇したよ」と返ってきたら、「そうなんだね」「よかったね」と一緒に喜んであげられます。子どもが自分の経験について楽しそうに語りはじめたら、「すごいね」「やったね」とほめてあげることができます。

「やると言っていた予定がうまくいったんだね」とほめてあげることができるのは、朝、予定を子どもから教えてもらっていたからです。

ここが、ただ単に「今日どうだった？」「誰と遊んだ？」と尋ねて、子どものその日の様子を教えてもらうのとは違うところ。子どもの口から行動メニューを出してもらうからこそ、このコミュニケーションに意味が出てきます。

つまり、朝と夕方で挟む「サンドイッチ方式」の会話を生活のベースにするために、朝ごはんミーティングが第一歩になるのです。

ほめてあげるチャンス作り

朝ごはんミーティングからのサンドイッチ方式は、子どものことで親が喜べるポイントを増やせるところに価値があります。今日何をするか教えてもらって、「できたんだ、よかったね！」とほめてあげるチャンス作りのためであって、「できたか」「できてないか」をチェックしたり、評価したりするためではありません。

親は、「この子、明日はどんなことをやるのかな」と楽しみにしていればいいのです。常にそういうスタンスで向き合っていると、できていないことに対しても「どうしてできないの！」と叱って、強制してでもやらせようという考え方をしなくなります。

「今日何するの？」と子どもに聞いて答えてもらうわけですから、行動の主体はあくまでも子どもにあります。「できても」「できなくても」、親がどうこう言うことではない、という距離感で見守り、応援できるようになるのです。

子どもとしても、「今日は○○をする」と言ってできたら、お父さんもお母さんもほめてくれるとなると、うれしくてどんどん行動を起こすようになるでしょう。

つまり、サンドイッチ方式の夕方時は「ほめタイム」なのです。忙しい1日のタイムテーブルにそういう時間があることが、非常に大切です。

肯定的な声かけで前向きに

「朝、○○するって言ってたけれど、どうだった？」と聞いて「うまくいかなかった」

と残念そうにしていたら、「でも、がんばったね」「トライしてよかったね」と受け止めてあげるのがいいでしょう。

1日の勉強の予定を立てたけれど「○○と□□はまだ」と本人が言ったら、「それはどれくらいでできそうなの？」と聞いてあげます。30分や1時間くらいのもので、寝るまでの時間に無理なく終えられそうであれば、「じゃあ、今からやっちゃいなよ」と背中を押してあげたらいいですね。

また、こういうときこそ、「イヤでも自立する『魔法の3フレーズ』」（67ページ）で紹介した「何を手伝ったらいい？」の出番です。「何か困ってる？」「やるのに必要なものがあるなら一緒に探すけど？」と相談に乗ってあげます。

こうした親のリアクションによって、子どもは自分が立てた予定を「自分事」としてとらえていくことができるようになっていきます。

ビジネスでも似たようなことがあります。マネージャーの立場にある人間が、プロジェクトプランのゴールにたどり着くまで進捗状況をまったく確認しないということは、ありえませんね。途中の段階で必ず「今、進捗状況は何％くらい？」と部下に尋ねると思います。

達成度がおもわしくないとき、「なぜ、できていないんだ！」「締め切りがわかっているのか！」などと叱責する上司の元では人は伸び悩むでしょう。

各人のリソースを伸ばしてあげられるマネージャーは、「そう、今70％まできたんだね。残りの見通しはどう？　難しそうなら、私も入るから声をかけてね」と、ねぎらいつつプラン遂行のための助言をします。これもサンドイッチ方式と同じようなことを行っているわけです。

物事を遂行する力を育てるには、プランを立てただけではダメで、実践のあとの振り返りが必要です。子育てにおいては、「どう？　ちゃんとできた？」という確認だけではなく、「よかったね」「やれたんだね」という親御さんの肯定的な声かけほど、子どもの自信を強めるものはないのです。

練習の第一歩

今日の予定がどうだったか、ほめる気持ちで聞く。

3-3
忙しいときは「最近、あの子どう?」とパートナーに確認

1日単位から週単位へ

「朝ごはんミーティング」と「サンドイッチ方式」を続けていると、家族の会話のベースができます。そして、子どもの成長にともない、1日単位の時間軸から週単位の時間軸へと広がっていきます。習い事をはじめたりしたら「今週のスイミングは何曜日だっけ?」、塾通いになると「再来週、算数の小テストがあるよ」「準備はいつからやるの?」という話になっていきますね。

まず、「今日の予定」というベースがあって、そこから徐々に遠くへ遠くへとスケジュール感を延ばしていくアプローチをしていくと、子どもの視野が広がります。

そのようにしていると、最初は親が子どもの予定を聞いていたのが、家族それぞれのスケジュールの突き合わせをして、1日のお互いの動きを共有する、次の段階へ進んで

いきます。

その頃には、子どもにも自分だけの時間軸ではなく、親の時間軸があることがわかってきます。「ここは一人で過ごすんだ」とか、「この日はお父さんがいるから算数の勉強を見てもらおう」という具合に、自分の行動予定と家族の行動予定を照らし合わせながら考えられるようになるのです。

子どもに変化が起こるのと並行して、夫婦間にも変化が起こってくるでしょう。

たとえば、朝ごはんは家族全員で食べたけれど、お父さんはその日、帰りがすごく遅くなってしまい、子どもが今日の予定をうまくやれたのかどうか本人の口から聞くことができないということもあるでしょう。あるいは、お母さんのほうが帰宅が遅くて、その日の夜はお父さんに任せるということもあると思います。

そういうとき、どちらかがどちらかに、「今日、あの子、◯◯するって言ってたけれど、どうだった？」と聞く機会が増えてきます。これは自分の経験からも言えるのですが、サンドイッチ方式が習慣になると、単純に知りたくてしかたないのですね。「今日、逆上がりに挑戦するって言ってたけれど、どうだったんだろう？」と気になるのです。

夫婦で子どもについて何を話すか

ただ、わが家の場合も、小さい頃から朝ごはんミーティングめいたもの（当時は名づけるほど明確に意識できていませんでした）を実践してはいたものの、すべてが順風満帆だったわけではありません。恥ずかしながら申し上げると、夫婦のコミュニケーションがうまくいかない時期もありました。

それは、息子の勉強が本格的になってきてからのことだったと思います。

学習に関して私がリードする役割だったのですが、知らず知らずのうちに妻との間に理解のズレが生まれていました。こちらは「○○を絶対にやらせなければいけない」と言ったつもりはないのに、妻がそう受け取ってしまい、息子の気持ちが乗っていないことはわかっているのに、「でも、やらなきゃいけないでしょ！」と強制する状態になっていたのです。もちろん、ストレスがたまります。

そうなると、どこのご家庭でもそうであるように、ちょっとしたことから言い合いになり、妻に「あの子をずっと見ているわけじゃないくせに！」と言われたのです。それを聞いて、「確かに！　ほんまやな！」と。

私は仕事で帰りが遅く、妻のほうが子どものことを見ている時間は長い。私がいないときの息子の様子や、キャッチしきれていない息子の現状を把握しているのは妻ではないか。

そこで私は関わり方を修正して、夫婦で子どものことを話すとき「最近、どんな感じ？」と聞くようにしたのです。

すると、妻は妻の目から見たわが子の様子を教えてくれます。「ちょっと疲れているみたいだよ」「学年が上がってやることが増えたのが、ストレスなんじゃない？」「今、お父さんから何か言われるのが、すごくイヤみたい（笑）」という具合に。

また、子どもが小４にさしかかる頃に妻が料理教室をはじめたので、１週間の使い方をお互いが変えていくタイミングでもありました。

どこかで時間を合わせる工夫をしようと話し合って、子どもが起きる前の時間に二人で話したり、私が夜遅く帰宅して一人で晩酌しているときに妻が起きてきて、話を聞かせてくれるようになりました。

わが子を見守る「目」の数を増やす工夫を

ところで、夫婦で子どもについて話そうとすると、どちらかが子どもに対する不満や不安を口にしてしまったり、それを聞いたほうが「だからこうしたほうがいいんだよ」と自分の考えを押しつけたり、「なんでそうなるかというと……」とまるで他人事のように分析をはじめてしまったりしがちです。そうなると、子どもに関する情報交換は難しくなります。

子どものことを話しはじめると互いの子育て観のズレに直面することになるので、できれば避けたいという方もいると思います。夫婦といえども元は他人ですから、まったく同じ価値観を共有するというのは難しいですね。微妙なズレを直視したくないという気持ちが、どうしても生じます。

でも、そこを歩み寄らないと子育ては苦労します。特に共働き子育ては、チームとしてのまとまりが大切ですから、なおさらです。その夫婦で子どものことを話すコツとして、「最近、どう？」なのです。

お父さんからお母さんにそう聞くだけではなく、お母さんからお父さんにも聞いてみましょう。「あなたの目に、あの子は最近どう映っている？」という問いかけならば、誰しもフラットに答えることができます。そして、きっとその回答の中に、お母さんが気づかなかった発見や新情報が含まれていることでしょう。

朝ごはんミーティングやサンドイッチ方式は、そういう情報収集の時間としてうまく活用していってほしいと思います。

今は、核家族が多数派です。特に都市部は、互いの両親が遠方で、子どもを代わりに見てくれる人が周囲にいないケースも多いですね。たった二人の子育てだからこそ、それぞれの見え方を情報交換して、わが子を複数の目で見ようとするのが貴重になるのです。

祖父母と同居されているご家庭や、ときどき子どもの面倒を見てもらえる環境にあるご家庭は、「お義母さんから見て、どう思われますか？」「おじいちゃん、最近、何か気づいたことありますか？」と聞いてみると、考え方の違いで押し合いへし合いにならなくて済むし、家族間の風通しもよくなります。

周囲も巻き込んでそういう会話を気楽に行っていると、それぞれが「見よう」と役割が分担されていくので、結果的に子育てがラクになります。

「ワンオペ子育て」に悩みながらも解消できないというご家庭は、子どもの見え方を尋ねてみるところからやり直していくと、状態が改善されやすいでしょう。

どちらが何をやるかという役割分担の話から解決策を導き出そうとしても、なかなかうまくいきません。結局、「今、うちの子はどうか」という視点がないため、「できてない」というタスクの達成度の話にとどまってしまうからです。

シングルマザー、シングルファーザーとして奮闘されている方々も、保育園や幼稚園の先生や学童や学校の先生など、「最近、うちの子どうですか？」と聞けるような人を一人でもいいので持っておくといいですね。

練習の第一歩

子どもの「今」について、常に情報交換。

3-4 帰宅後、寝かせるまでの2時間半の使い方

「待っててね」は必要なし

共働きのお母さんがスーパーの袋を抱えて慌てて帰宅し、リビングで退屈そうに一人で待っている子どもに、「ごめんね、すぐ夕飯にするからね」と声をかける。今でもドラマやCMなどでよく見かけるシーンです。

このとき、お母さんの中には、わが子を長い時間一人にさせていること、おなかが空いているのに待たせてしまうこと、今日も時短料理で済ませてしまうことなど、さまざまな負い目が渦巻いていると思います。

ですが、案外、子どもって平気ですよ。全然困ってないし、まったく不都合を感じていません。これまで多くのご家庭の相談を受けてきた経験からいうと、子どもは親御さんが帰ってきたことで十分にうれしいのです。だから、お母さんは（もちろんお父さんも）、「ただいま！」と笑顔を見せるだけでいい。子どもは親御さんが笑いかけてくれる

ことで、元気が出ます。

ですから、「待っててね」は必要ありません。夕飯作りに20分かかるとしたら、その20分を「ごめんね、急ぐからね」というマイナスの気持ちで過ごすよりも、「お母さんは20分でごはんを作るよ、さて、あなたはその20分で何をする？」という時間にしていきましょう。

これは、親御さんの練習です。つい「ごめんね」と罪悪感に負けてしまいそうになるところをこらえて、「あなたは何をする？」です。

健康に関するコアタイムは大切に

保育園、幼稚園の場合は、お迎えへ行ってから一緒に帰宅するケースがほとんどですね。公園に寄ったり、一緒に遊んだりする余裕がある場合は少し一緒に時間を過ごしながら、「お母さんはこれから夕飯作るから、その間、一人で本を読んでる？」などと、子どもが好んでやれそうなことを提案してみます。

小学校低学年の場合は、学童から一人で帰宅しているケースが多いでしょう。親御さんのどちらかが帰宅するまでの間、一人で退屈していたり、あるいは逆に一人を満喫している子などいろいろです。

その間の過ごし方と、「ただいま!」と顔を合わせてから以降を自主的に過ごすための方法は、無関係ではありません。結局のところ、一人の時間を過ごすメニューをご家庭でどれくらい工夫しているかということになります。

共働き家庭では、両親のどちらかが帰宅してから子どもが寝るまで2時間から4時間。お母さんがフルタイム勤務の場合、だいたい2~3時間が勝負で、その間に食事、入浴、明日の準備などをこなさなくてはなりません。家族とのおしゃべりなど、なごむ時間ももちろんほしいですよね。

その中でも最優先は、言うまでもなく健康に関すること。つまり、食事と入浴が帰宅後のコアタイムです。とはいえ、急かしても思い通りには動いてくれないこともあるでしょう。いえ、急かせば急かすほどぐずったり反抗したりします。

どの子にも、「動きやすい順番」や「やりやすいタイミング」というものがあります。これは、日常生活のあらゆることに関連します。「お風呂に入るよ」を声をかけたら、パッと動いて自分の下着まで準備できる子と、次の行動を起こすまでに少しぐずぐずしないと動けない子がいます。

でもそういう子でも、ちょっとおしゃべりしたりおやつをつまんだりしたら、気分転換して動き出せる。そういうタイミングをぜひとも細かに観察してみてください。子どもが動けるようになるには、まず親の観察がものをいいます。

曜日ごとに「○○デー」を作る

さて、どの時間に何をやるかはその子によって異なりますが、健康に関するコアタイムはどのご家庭でも正味1時間前後ではないでしょうか。そこは、絶対に外せない。だから、それ以外の時間をどう使っていくかを考えていくわけですが、一つのアイデアとしておすすめなのは、曜日ごとに「○○デー」を作ることです。

親御さんの帰宅から子どもが寝るまでに2時間半しかないというご家庭でも、コアタイムを除けば最低でも1日1時間の持ち時間があることになります。それを週の平日5日間で見ると5時間です。その5時間を、いくつかの関心事に振り分けていきます。

DVDデー、テレビデー、お片づけデーなど。「今日は○○デーだ」という意識が子どもにあれば、一人だろうが親御さんが帰ってこようが自主的に行動でき、「ただ夕飯ができるのを待っている」ということは減っていくでしょう。

つまり、一人で家で過ごしている時間と、家族が揃った時間とを別のものととらえるのではなく、子ども自身が自分の1日を納得して過ごせるようつなげてあげるのです。

また、その上で、親御さんが夕飯を作る20分間にお子さん一人でやれそうなことをどんどん提案していけばいいでしょう。

お風呂に一人で入れる子なら先に済ませてもらう。学校からもらったプリントを、決められた場所へ積んでおく。ランドセルの中を全部入れ替えて、あとで親が点検しやすいようにふただけ開けておいてもらう。お手伝いが好きな子なら、野菜を洗ったり切ったりしてもらうのもいいですね。

そうやって、子どもに20分間、お仕事をしてもらうのです。

練習の第一歩

「待っててね」ではなく「あなたは何をする？」と問いかける。

3-5 プリント管理にかかる時間も自立の材料

「プリント出して」の一歩先へ

お子さんが小学校へ上がると、親御さんを悩ませるのが子どもが持ち帰るプリント類です。みなさん、どのようにされているでしょう。手際よくチェックを済ませるために、「プリント、忘れないうちに早く出して！」ではないでしょうか。

実は、この対応はあまりおすすめではありません。

「それ以外にどんな対応があるのですか？」と驚かれたこともありますが、親が預かってしまうと、「プリントは自分に関係のないもの」と子どもにインプットすることにつながってしまうのです。入学と同時にこのように刷り込まれてしまう子どもは非常に多く、その結果、親御さんが毎日プリントと格闘することになるのです。

学校から配られるプリントの数は、非常に多いですね。しかも毎日のことで、親のチェックが必要なものもあります。私自身、子どもが小学校に通い出して驚いたのは、

「明日必要なものを今日言う？」という類のもの。工作に必要な材料など、前日のプリントで初めて伝えられる、なんてことも……。「なんでもっと前に伝えてくれへんかな!?」ということが、とても多いですね。

実際、夕方にプリントを見て、必要なものを不足なく揃えるとなるとひと仕事です。だからこそ、「忘れないうちに早く出して！」となるのですが、それよりも子どもに「プリントは自分に関係することが書いてあるのだから、自分で管理するもの」ということを理解させ、そのように行動してもらえばお互いのためですよね。

子どもに口頭で確認が必要な場合も、共同作業がスムーズになります。親はラクになるし、子どもの自主性も育ちます。子どもが寝たあとでランドセルを引っ繰り返すようなことも、なくなるのです。

私からの提案は、小学校低学年のうちに「プリントは自分で読んで、必要なことをお母さんに教えて」というところまでもっていくことです。それを実現させるための手順をお教えします。

「プリントはあなたのためのもの」を貫く

手順は3段階です。

最初の段階は、「一緒に読む」。

プリントは主に親向けですから、子どもに読ませるものではないと思っている方がほとんどなのですが、一緒にプリントを手に持って開き、どんどん読んでいきましょう。子どもにとっては読めない漢字もあるでしょうが、それはむしろ好都合です。何度も出てくると、子どもは勝手に漢字と読み方をセットで覚えてしまいます。

一緒に読むときのポイントは、「音読」です。

ゆっくり、はっきり、子どもがついてくることができる速度で読みます。

次の段階は、「プリント読んで」です。

「なんて書いてある？」「先生、何を持ってきてって言ってるの？」など、ある程度読む枚数や箇所を限定して読んでもらいます。「面倒くさ〜い」と言う子には、「今週の献立わかった？」と、子どもの関心が強いものを読ませるのがコツです。給食の献立はひらがな中心で書かれていることが多く、1年生でも読めるのがいいところです。

給食の献立を読む子どもの目は、真剣です。とにかく興味があるのですね。「来週はカレーがある！」「ゼリーって書いてある」とワクワクしたり、「わ、納豆ごはんだ……」と本人にとっての要注意日を発見するとドキドキしたり、読んでいるだけで感情が動くのです。

そのように、子どもの心が動くときがチャンスです。それはつまり、成長のチャンスでもあります。ですから、そのタイミングで色ペンを使って好きな献立に丸付けさせたりして、プリントに書き込んでいるうちに「自分事」にしていけるのです。

最後の段階が、「ここに置いておいて」です。リビングにトレーを置くなどスペースを決めておいて、そこへ重ねて置くようにしてもらいます。最初はただドサッと置くだけかもしれませんが、前の2段階を踏んでいくと、「プリントは自分で読んで、必要なものは早めに親に見せる」という選択ができるようになります。

「学校から配られるプリントは、あなたのためのもの」という姿勢を、親御さんが貫けるかどうかで、毎日の煩雑な作業が子育ての有益な時間に変わります。

行動の練習によって結果が変わる

プリントに関する、こんな悩みを聞いたことがあります。

あるお母さんは、小1の息子が毎日ランドセルにプリントをグシャグシャに突っ込ん

■プリント3段活用

STEP1 子どもと一緒に声に出して読む。

↓

STEP2 子どもに何ヵ所か読んでもらう。

↓

STEP3 子どもに、決めた場所にプリントを置いてもらう。

で帰ってくるのが腹立たしくてしょうがないと嘆いておられました。

ランドセルから教科書やノートとごちゃ混ぜになったプリントを破らないように引っ張り出していると、「もう、なんでちゃんと入れないの！」「プリントくらい自分で出しなさい！」と一気に怒りモードにスイッチが入ってしまいます。結局、毎日そんな感じで帰宅後の時間を過ごすので、1日の終わりにイライラが募るというのです。

こういうとき、よく「男の子だから……」「私も大ざっぱだから、遺伝かな」などとあきらめてしまう方がいるのですが、原因はそこではありません。プリントがランドセルの中でグシャグシャになってしまうのには、そうなる理由があるのです。

子どもの身になってみましょう。

授業の最後にプリントをもらって、「はい、終わり」となったら、帰りの準備をしようとランドセルに駆け寄ります。今もらったプリントの塊を入れようとするのですが、握力がないので、教科書やノートをうまくよけて入れることができません。でも、「急がなきゃ！　グシャッ」と突っ込んで、さらに残りの教科書やノートも上から突っ込んでしまう。中はご想像の通りです。

連絡帳を入れるファスナーつきのファイルのようなものがある学校もあると思いますが、その場合も小さい子の手では整えて入れることが難しい。ですから、子どものことがよくわかっている先生は、まずプリントのたたみ方を教えています。

小さい頃から折り紙や新聞紙を折って遊んでいないと、Ａ４サイズの紙を半分に折るというのはなかなかの苦労です。小１くらいだと、先生がやって見せても、紙の角と角をきっちり合わせて折りたたむことができません。角と角がずれて折り線が斜めになったりします。

しかし、先生がたたむ練習の時間を取ってくれるクラスでは、１週間もすれば、どの子もきれいにたためるようになります。子育てにおける困り事の多くは性別や性格や遺伝のせいではなく、行動の練習によって結果が違ってくるのです。

「プリントがグシャグシャだと読みづらくて困るね」ということを、親子で一緒に体験していけるといいですね。「あなたも読みづらいでしょう」と、子どもが納得できるところまでもっていくことができれば、行動は変わってきます。

練習の第一歩

A4のプリントを半分に折れるよう、子どもと練習。

3-6 子どもに関する最終点検は両親どちらもができるようにしておく

ブラックボックス化のリスク

プリントや連絡帳、宿題のチェック。子どもに関する日々のタスクは、お母さんの役割になっているご家庭が多いと思います。そして、子どもに絡む一つ一つの作業の最終点検は、全部自分がやらなければならないと思い込んでいる方も多いのですね。

でも、どうしてお母さんは一人で抱えてしまうのか。特に働くお母さんほどそうなりがちなのか。その理由を尋ねたところ、主だった答えは、「夫は大ざっぱだから」「必ず不備があるんですよ」「全然やろうとしてくれないから」などでした。

共働きで時間がないから、手落ちややり忘れがあったら、あとで面倒なことになる。そうなったら、何より子どもがかわいそう。だから、どちらかがしっかり見なければということなのでしょう。

お父さんの味方をするわけではありませんが、お母さんのそういう本音を感じるから、お父さんはかえって手を出しづらくなるという一面もありそうです。特に、たまに育児参加するお父さんは、ドキドキしてしまうのではないでしょうか。

なぜなら、お母さんのテリトリーを侵してしまうような気になるからです。また、不慣れなことで失敗しないかという不安も先立ちます。

そこで実際にお父さんが宿題のチェックか何かを手伝おうとして、子どもに「いつもどうしているんだ」と尋ねたとします。そのとき、「お母さんが見てくれているから、わかんない」という言葉が返ってきた瞬間、途方に暮れてしまうのです。「自分の出番じゃないな」「奥さんに任せておいたほうがいいな」と。

このように、どちらかが子どもに関することを抱え込んでしまうと、ブラックボックス化します。ブラックボックス化すると、大枠やアウトラインは何となくうかがえても、最終的なチェックの基準は限られた人間しかわからない、ということになります。

たとえば、「宿題にチェックが必要だ」というアウトラインは外から見えても、「親のサインがノートの右下に必要だ」ということまでは知らないとなると、手伝いようもありません。結果として、チェック基準を知っている人だけが関わっていくことになります。これは、非常にアンバランスな状態です。

子どもに親をチェックしてもらおう

でも、お父さんが子どもに「宿題のチェックはどうするの？」と尋ねたとき、「ここにサインがいるんだよ」と教えてくれたらどうでしょう。

「こうでいいんじゃないの？」「ダメなんだよ、先生はこうしなさいって言うんだよ」というところまで、子どもが自分の行動を自分で説明できるようにしておけば、子どもに関することがブラックボックス化せずクリアです。

そうなると、両親のどちらかでなくてはダメということはなく、いつでも作業をバトンタッチできます。

たとえば、宿題にしても、

子「できたよ」

親「そこに置いておいて、あとでチェックしてランドセルに入れておくから」

とやってしまいがちなところを、

子「できたよ」
親「じゃあ、チェックする箇所を開いて」
子「ここだよ」
親「どれどれ。本当だ、ちゃんとやれてるね。はい、確認しました（とサイン）」

というふうにもっていけば、子ども主導で作業が進みます。ここまでできれば、ランドセルに入れるところまで自分でできるはずです。

「そんな面倒なことはできません」とおっしゃるかもしれませんが、これが「親の練習」なのです。大人はつい「自分がやったほうが早い」と考えてしまいますが、実は子どもに任せてみてもそれほど所要時間に差がない場合があります。

ビジネスでも、能力的に優れた人ほど「自分でやったほうが早い」と考えてしまうため人に任せることができず、結果として情報や知識、スキルがブラックボックス化されてしまうという現象があります。

そのような現場では、トラブルの際、周囲が自主的に動いて対応することが難しくなります。「あの人じゃないとわからないから」という空気がチームに蔓延してしまうと、間違いなく士気が下がります。当然のことながら、人は育ちませんね。

そうした硬直を避けるため、最近は、部下が上司を評価する上司評価制度や、双方向評価制度、３６０度評価などを導入する企業も増えています。

これからの子どもたちは、当たり前のようにそういう社会へ出ていくのです。だったら、親が子どもをチェックするばかりではなく、親ができたかどうかを子どもにチェックしてもらう関係のほうがうまくいきます。

そうなれば、両親が共に子育てに参加しやすくなり、子どももどんどん自立してくれます。

練習の第一歩

子どもに連絡帳チェックを、チェックしてもらう。

3-7 「体の動き」を教えれば日常行動が変わる

子どもには「言葉で渡す」だけではダメ

大人を相手に何かを教える場合、目的が何で必要な準備が何で、注意したいポイントは何だと、「言葉」で説明するのが普通ですね。実際に場所を示したり、図を使ったりするとしても、やることとやり方は言葉で説明していると思います。そして、教えられる側がその言葉を聞いて自分でイメージして、理解していく。大人の場合は、言葉で渡すことができます。

でも、子どもはそうはいきません。言葉での説明を聞いて、自分自身がその行動を取っているイメージを持つというのは、かなり難しいことなのです。

子どもの成長段階は、脳の成長と密接に関わっています。幼少期の脳は、見たもの聞いたものを何でも取り込んでいきますが、意味の関連づけはあまり行われていません。

一方、言葉での説明を理解するには、物事の共通点と違いをつかむ力（抽象化能力）

が必要なのですが、脳が抽象化能力を獲得し始めるのが8歳、9歳頃なのです。

ですから、言葉で渡せるのは9歳、10歳になってからと思うくらいがいいでしょう。さらにそこから実際の行動までつなげられるのは、中学生以降になってからと思うくらいでちょうどいい。

「何回言ったらわかるの！　いい加減にしなさい！」と思うときは、言葉だけでは渡せていないんだなと気づいてあげてください。

「うちの子はまだ小2だけれど、一度説明したらだいたいわかってくれますよ？」という方もいらっしゃるでしょうが、それは、できているその子をほめてあげてください。「できないのが普通だということを、あなたはできているというのは素晴らしいね」と。

では、言葉で渡すだけではない教え方とは、どのようなものでしょうか。

ポイントは、「体の動きを教える」ことです。

玄関、リビング、勉強机、それぞれの場所での動き

子どもが自分で行動できるようになるためには、「できているとは、こういうことだよ」と、実際の体の動きを示してあげることが大切です。

■宿題をする手順

1	学校から帰ってきて時計を見る。午後3時25分。
2	おやつを食べたいけれど、先に何が宿題だったか確認するために、ランドセルから連絡帳を取り出す。
3	連絡帳を開いて、どんな宿題がいくつあるかチェックする。
4	宿題をするのに必要な教科書やノート、プリントを出して、机に置く。
5	何分くらいでできそうか考えてから、時計を見て今の時刻を確認。
6	「1時間くらいかかるから、5時になったら開始するぞ」と、開始する時刻を決める。
7	開始時刻を思い出せるように、タイマーを4時55分にセットする。
8	おやつを食べて、遊んでいるとタイマーが鳴ったので、すぐに片づけて、机に向かう。
9	「よしやるぞ！」と決めて、宿題をはじめる。
10	一つ終わったら机のはしに整えて置いて、次の宿題にすぐ取りかかる。
11	全部終わったら、連絡帳と今やった宿題とを見比べて、完成したことを確認する。
12	時計を見て、目標通り終われたか確認したら、「よしできた！」

たとえば「夕方6時までに宿題を終わらせておくんだよ」ということを伝えたい場合なら、「宿題をやるときってどうするか、今やってみようか」と声をかけ、一緒に演じてみるのです。行動を細かく書き出してみると、111ページのようになります。「6時までに、一人で宿題を終わらせておくんだよ」というだけのことも、実際の体の動きに置き換えてみると、これだけたくさんの行動の積み重ねになっているのですね。玄関からはじまって、リビングでの動き、机周りでの動きなどを実際にやってみると、それが実感できます。

言われなくても当たり前にできていることもあるでしょうが、いつもその場その場で考えてしまって時間をロスしていたこと、意識していなかったこともまた、子ども自身に見えてきます。そして、「できるってこういうことか」と、安心感をともなった理解に到達できます。

経験と知識と想像力によって、実際に自分が行動して完了できた感覚までイメージできる大人とは、子どもは違うのです。こうした差があることを親が知っておくと、笑顔で行動をうながせるようになるでしょう。

練習の
第一歩

子どもが苦手なことは、行動を分解して一緒に動いてみる。

3-8 子どもの日常は8割以上がルーティン

教えることに手間がかかっても大丈夫な理由

子どもが自分から動けるようになるには、実際に動いてみて、どんな感覚なのか、どれくらい時間がかかるのか、どれくらいの疲労感があるのかといった、実体験を持たせてあげることが大切です。この下地がないと、いざやろうとしても動けません。

でも、共働き家庭の忙しい毎日の中で、子どもにしてほしいことの一つひとつにそこまで手をかけて教えていたら、ますます時間がなくなってしまいそうですね。「どこが時短なの？」となりそうです。でも、大丈夫です。矛盾するようですが、時間をかけて教えるから「時短」になるのです。

なぜなら、子どもたちの日々の行動の8割以上は「ルーティン」だからです。ざっと挙げてみましょう。

✓歯磨き、手洗い、うがい
✓食事、入浴
✓学校の準備
✓学校・保育園での時間
✓宿題
✓片づけ
✓習い事（塾）に行く、帰る
✓予定を確認する、修正する
✓遊ぶ時間を決める、決めた時刻まで遊ぶ

毎日の時間の多くがこれら、いつもの行動で占められていますね。この一つひとつについて、「これならできる」と本人が納得と安心を得られるような行動を作っていけば、自動的に繰り返されていきます。

ストレスを減らせば子どもは伸びる

お子さんの1週間の行動のうち、そのときだけの一回きりの行動と、毎日または毎週繰り返し行われるルーティンが、どんな割合になっているかを見てみましょう。

おそらく、大半の行動がルーティンのはずです。

子どもの日々は（大人もそうですが）、いつもいつも新しい発見に満ちているというわけではありません。大半の時間は「いつも通り」なのです。この「いつも通り」とどうつきあうかが、毎日をストレスなく過ごしていく上でとても重要になります。さらに、勉強が本格的になってからは学習計画の遂行にも大きな影響を与えます。

世界的なベストセラー『人生を変える80対20の法則』（リチャード・コッチ著、仁平和夫・高遠裕子訳、CCCメディアハウス）で示されているように、成果の80パーセントは20パーセントの行動が生み出します。

お子さんの1週間の成果（満足度といってもいいですが）も、ルーティン以外の20パーセントの時間をいかに使うかにかかってくるわけです。気持ちと集中力、創造力をこの20パーセントの時間に投入したいとすれば、80パーセントの時間を占めるルーティンについてはあれこれ余計なことを考えず、安定して行っていけるようにしたいですね。それが、子どもを自立させていくことにもつながります。

優先的に教えてあげたい5つの行動

子どもが「これならできる」と、体でわかるところまで優先的に教えてあげたい項目を紹介します。次の5つです。

①帰宅後すぐカバンから荷物を出して、それぞれを置くべき場所に移動するまでの行動。
②宿題に取りかかってから完了させるまでの行動。
③わからないとき、困ったときに取ればいい行動。「調べる」「印をつけておく」など。
④次の日の準備を完了させるまでの行動。
⑤決まった時間になったら遊びを終了するための、切り替え行動。

この5つを子どもが一人でできるようになれば、1日の過ごし方が大きく変わってきます。毎週末に一つずつ取り組んで親子で練習すれば、2ヶ月経つ頃には子どもの1日の過ごし方は激変するでしょう。

子どもの行動が続くようにするには、メンテナンスをしていくだけで大丈夫です。メンテナンスのやり方はただ一つ。「ほめる」ことです。

仕事から帰ってきて「片づけできたね、えらい！」とほめる。宿題が完全ではないにしろ終わっていたら、「宿題に自分で取りかかったね。えらい！　あと少しがんばって！」とほめつつ、励ます。

教えたから「できて当たり前」ではなく、「できたね」「できるね」と毎回ほめるのです。子どもが自分一人でできたことについて、ちゃんと毎日ほめてあげる。認めてあげる。そうすれば、本人はさらに安心して自分で行動できるようになっていきます。これは、先にサンドイッチ方式でもお伝えしましたね。

子どものストレスがなくなるだけではなく、お母さん、お父さんのストレスも激減すること間違いなしです。「ほめる」ことについては、CHAPTER4でお伝えします。

練習の第一歩

ルーティンを丁寧に教えたら、あとはほめる。

3-9 「何を」＋「いつ」で動き出す

子どもに「ちゃんと」は通じない

仕事を進める上で、何度も繰り返し行うものについてはチェックリストを作りますね。漏れなく、確実に行えますし、段取りを思い出す手間もかかりませんから、一度作ってしまえばラクです。

自分にとってラクというだけではなく、リスト化すればチームの誰が行っても同じ行動を取ることができるため、互いの意思疎通も円滑になるという効果もあります。「ここまでやって完了」のコンセンサスが取れていると、ビジネスはスムーズです。だから、できる人ほどチェックリスト作りを意識的にやっています。

このようにとても便利で効果的なチェックリストは、子育てにも大いに役立ちます。日々のルーティンを自分からやれる子に育てるには、欠かせない手法です。

何より、「ちゃんとやって！」と叱ることが多い親御さんにはぜひ取り入れてほしいと思います。

子どもに「ちゃんと」は伝わりません。

「宿題やったよ」と言うのでプリントを見たら、わからない問題は空白のまま。でも親のほうは、わからないところは調べるなりした上で解答し、答え合わせをして、間違い直しまでやってはじめて、「ちゃんとやった」だと思っている。

「ちゃんと」の到達点が親子間で違うので、親からすると子どもを叱ることになってしまうし、子どもは自分が叱られる理由がわからないまま叱られることになるのです。

こうしたズレをなくすためにも、行動を細分化し、家族全員で共有するのはとてもいいことです。

チェックリストが原動力に

しかし、子どもに対していきなり「チェックリストを作ろう」と言うと、おそらく半数以上の子は「え～?」とイヤ～な表情を浮かべると思います。チェックとは、できていないことを見つけられて叱られるものだ、と思っているからです。チェックされるたびに、叱られる体験をしてきたのでしょう。

そういう子に対しては、チェックリストを作成して与えても残念ながら役には立ちません。できるだけリストを使わないように、見ないようにするに決まっています。

ですから、チェックリストを作成する前にまずチェックリストを活用することに対して子どもの信頼を得る必要があります。「チェックリストは、できたことを確認するために使うんだよ」と教えてあげるのです。

行動したあとに親がチェックするのではなくて、「あなたが自分で点検するために使えばいいんだよ」と、安心させてあげてください。

「何をすればいいんだっけ？」とわからなくなったときに助かるし、リストに書かれていることを順にやって、やったら印をつけていけばいい。頭を使う必要がないからラク、ということを教えてあげましょう。

チェックリストを使って、お子さんが「できた！」「ＯＫ！」という気分のよさを体感できるように関わるのがコツです。

チェックリストに印がついているのを見ては、「できているね。あと、これとこれをやるだけなんだね。順調だね」と、「できていること」に目を向け、ほめて認める言葉をかけるようにします。

リストに挙げた行動の一部ができていない場合も、まずはできていることをほめた上で、「あと少しだったね、惜しかったね。何があったの?」と、本当はできるんだろうけれど何かの事情でできなかったんだろうから、次につながるように解決策を一緒に考えようね、というスタンスで聞いてあげましょう。

叱ることが目的ではありませんから、とにかく徹底して、できていることに目を向けてください。この方針を守って関われば、チェックリストに対する抵抗がなくなっていきますから、お子さんは、リストを使って自分でルーティンを管理することができるようになっていきます。

最初は毎日確認を手伝ってあげるにしても、お子さんが慣れてきたら、毎日ではなく時折確認してはほめるだけで大丈夫になるでしょう。

ただ、完全に子ども任せで声かけもしないというのはよくありません。子どもがルーティンを続ける原動力は、ほめられること、認められることにあるからです。

ここは忘れがちなポイントですから、意識するようにしてください。

「いつやるか」を合言葉に

チェックリストで「何をやるのか」を明確にするのと同時に大切なのが、「いつやるのか」です。子どもには、「何をやるのか」はわかっているのにやれないということがあります。それは、単に「今がやるときだ」ということを知らないだけなのです。

時間の感覚は子どもの自立と大いに関係しますが、大人のように「午前中のミーティングのあとは、資料を読み返して、昼休み後に打ち合わせ」という具合に、1日の流れが頭の中で描けるようになるには時間がかかります。

小さいうちからスケジュール感覚を持てるようになるためにも、「○時になったら○をしようね」というのを親御さんが口癖にするのがいいでしょう。

「ごはんを食べたあと、10分以内に歯ブラシを持とうね」というふうに、「いつはじめるか」「いつやるか」がわかる合言葉にしていくのもおすすめです。

これも、「ごはんのあと、10分以内に歯磨きよ。わかった？」と親が決めてやらせるのではなく、朝ごはんミーティングや日頃の何気ない会話の中で、一緒に決めていきます。家族全員のルールとしてもいいと思います。

このように、「何を」＋「いつ」をセットにして示していくと、将来必ず役に立つ力を小さいうちから生活の中で身につけていくことができます。これは、受験勉強でも大いに役立つ力なのです。

中学受験の勉強が本格的になると、塾の宿題が増えていきます。宿題をやる上で必要な行動をリスト化しておく方法を子どもが知っていれば、あとは「算数の宿題は○曜日の○時にやる」とザックリ決めておくだけ、スムーズに行動に移せます。「何と何が必要だっけ……」と迷ったり、あたふたしてやる気をそがれることがなくなるのです。

タスクの落とし込みにもつながる上、親とのコミュニケーションギャップも防ぐことができます。子どもにとっては理不尽に思えるお母さんの怒りや、お父さんの説教を回避できる。自分の行動を自分で把握しておくことで自分がラクになる、と子どもは学ぶことができるのです。

練習の第一歩

子どもと一緒にチェックリストを作る。

コラム①

チェックリストの作り方

チェックリストは、子どもが自分で自分の行動を管理できることが目標。ですから、書き出す内容と使う言葉は、お子さんに合わせて徹底的に具体化します。

そして、「いつ」「どこで」「何を使って」「何を」「どのように」「どれぐらい」行うのかを明らかにしていくのがコツです。

実例として、息子が小学校低学年のときに一緒に作成したものをご紹介します。

講演会などでこのリストを紹介するたびに、参加者からは「ここまで具体化するの!?」とどよめきが起きるのですが、徹底的に具体化した分だけ、子どもはルーティンを自発的にこなしてくれるようになります。

ぜひ、お子さんと一緒にリストを作り、毎日「できたこと」をほめてあげてください。

学校から帰ったらすぐやるリスト

- ☐ 帽子を玄関にかける。
- ☐ ティッシュを出してトレイに置く。
- ☐ ハンカチを洗濯機に入れる。
- ☐ 靴下を脱いで洗濯機に入れる。
- ☐ ランチョンマットを洗濯機に入れる。
- ☐ ポケットの中のゴミを出して捨てる。
- ☐ 手洗い、うがいをする。
- ☐ ランドセルの中身を出して、棚にしまう。
- ☐ プリントをお母さんに渡す。
- ☐ 音読カードを出す。
- ☐ 連絡帳を見せる。

金・土の特別メニュー

- ☐ 上靴を洗面所で洗う。
- ☐ 体操着を洗濯機に入れる。

○○用の学校準備リスト

- ☐ 連絡袋
- ☐ 筆箱
  - ☐ 鉛筆（削れている）
  - ☐ 消しゴム
  - ☐ 定規
  - ☐ 名前ペン
- ☐ 教科書（←連絡帳でチェック）
- ☐ ノート（←連絡帳でチェック）
- ☐ 下敷き
- ☐ ティッシュ
- ☐ ハンカチ
- ☐ ランチョンマット
- ☐ 校帽
- ☐ 上靴（月）
- ☐ 体操着（月）

寝る30分前までリスト

- [ ] 宿題
- [ ] 学校の準備（←学校準備リスト）
- [ ] 配られたプリントを渡す。
- [ ] お風呂
  - [ ] 電気を消す。
  - [ ] バスタオルを洗濯機に入れる。
- [ ] ごはん
  - [ ] 楽しく食べる。
  - [ ] 食器を片づける。
  - [ ] 歯みがきをする。
  - [ ] アレルギーの薬を飲む。
- [ ] 翌日のTO DOを書く。
- [ ] 今日のTO DOのふりかえり

  （がんばれたこと、次は気をつけたいこと）
- [ ] 机の周りを片づける。

今日は　　　　　　　　　　点！

CHAPTER 4

勉強は「見守り上手」が、やる気を引き出す

［自分で学べる子に育てる方法］

4-1 宿題は「何からやる？」で手をつけやすくなる

勉強の段取り、誰が決めていますか？

「自分からどんどん勉強する子になってほしい」。ところが、現実は「言わないとやらない」し、そもそも、「学校の授業についていけているのか怪しい」。そこで、勉強を見てあげようとしてのぞいてみると……。

父「何だ、宿題、間違ってるじゃないか」
子「え〜、ちゃんとやったよ〜」
父「間違ってるって！　ここの計算は、こうしてこうだよ。わかった？」
子「うん、わかった〜」
父「じゃあ、ほかの答え合わせはお父さんやっとくから、次は国語やっちゃいな」

子「国語だね、はーい」

「こうなるから、子どもの勉強を見るのは手間なんだよな」というのが親御さんの本音でしょう。しかし、お子さんを自律的に勉強に向かわせるには、この対応では問題があります。「だって見てあげないと、やらないんですよ」というご家庭は多いと思いますが、それは「見てあげる」を「勉強を教える」ことと、とらえているからです。

子どもの学習意欲を高めたいなら、勉強を教えることよりも大事なことがあります。それは、「段取りを問いかける」のです。そのコツは、「指示を出さない」こと。言い換えれば、「選ばせる」ことです。

まず、大前提としてお伝えしたいのは、子どもは勉強が嫌いなわけではないということです。子どもには、大人が想像できないくらいの知的好奇心があり、鋭敏なアンテナが立っています。「なぜ?」「どうして?」とさまざまなことを知りたがっています。文字や数字を知っていくこと、動物、植物の名や地名を覚えること、宇宙や人体の謎を探ること、どれも楽しくてしかたがないのです。

しかし、学校に入ると授業やテストがあり、評価されたり叱られたりします。そのときにちょっと心が折れるようなことがあると、「勉強なんてつまらない」と感じてしまいます。ぐずぐずと勉強に取りかからないわが子を見ていると心配で、つい「勉強しなさい！」を連呼してしまう。そして、子どもはますます勉強したくなくなる。

「お母さん（お父さん）、次は何したらいいの？」という頼りないわが子に、「自分のことは自分で考えてほしいんだけど」とボヤきながらも、自分が動くことで子どもにやる気になってもらおうとする親御さんを、学習面談でたくさん見てきました。

しかし、例で挙げた家庭のように、「まず、算数の宿題ね。答え合わせはやっておくから、あなたは次に国語をやりなさい」と、親のほうから勉強の段取りを指示し、答え合わせが終われば、「これとこれが間違っていたから、もう一度解きなさい」と進めてしまう。正解できたら「全部できたね、解けたじゃない」とほめても、これでは子どもは自分ができるようになったとは思いません。「今日も宿題が終わった。よかった」とホッとするのがせいぜいです。

手取り足取り教えられ、指示されて、結果としてできたとしても、その間の自分は本人の意思ではなく言われるがままに動いているにすぎないので、自分への自信につながりません。「自分はできている」というイメージにつながらないため、どれだけやってもモチベーションが上がらないのです。

やらせようとしないのが、やらせるコツ

時間がない中で「やらせなきゃ」と焦ると、子どもに任せる余裕がなくなりますね。完了させることを重視する人、間に合わないことへの恐怖心が強い人ほど、指示を出しがちです。

確かに時間は有限で、やることは日々山積み。だからこそ、子どもが自ら動いてくれることを期待しているのに、その反対を行ってしまうのですね。

そこで、親御さんが取る行動として覚えておくといいのは「選ばせる」ということです。限られた時間の中で宿題やプリントを終わらせたいとき、（できれば机に必要なものをすべて並べ、見える状態にした上で）「何からやる？」と聞いてあげます。

「どれからやればできそう？　自分で選んでいいよ」

「何からやりたい気分？　好きなのからどうぞ」

どんな伝え方でも結構です。こうやって子ども自身に選択させると、自分で選ぶという主体的な行動をすでに取っているので、その後の実行を続けやすくなります。朝ごはは

んミーティングのときに聞いておくのもいいですね。

子どもが選んだら、「漢字の宿題ね。確かに早くやってしまいたいね。よし、選んだら早速やりましょう。できるできる！」と行動をうながします。

完了したら、「自分で決めたことができると気持ちいいね」とできたことを認め、本人が達成感でうれしそうな顔をしたら、「よかったね」と共感の言葉をかけます。自分が選んだものを、すぐに自分で取り組むことができた。これは十分に能動的な学習です。

親がやらせようとすればするほど、子どもは「イヤなことをやらされる」という気持ちになります。

ですから、やらせたいことがあるときは、やらせようとせずにまずは決めさせてあげる視点を持つことをおすすめします。親は見守り態勢でいればいいのですから、選んだあとは背中を押してあげればいいだけ。実にラクな子育てになるのです。

練習の第一歩

勉強は、教えるのではなく、見守りに徹する。

4-2 計算、音読の宿題は遊びの要素をプラス

「宿題タイム」に前のめり

子どもが小学校へ上がると、宿題が出ます。共働き家庭の場合は、自宅で一人でいる時間や学童で済ませておいてくれるとありがたいですね。いちいち「宿題やったの？」と確認したり、「やりなさい」と叱ったりしなくて済みます。

親も子も毎日忙しいのだから、自分からどんどんやって手をわずらわせないでほしい。「宿題チェック、正直、面倒くさいなぁ……」。宿題を提出するだけのものと考えていると、そうなりますね。

宿題の効用は何かというと、勉強の習慣づけができることです。毎日鉛筆を持ち、机に向かうことは学習の基本。それを、体で覚えさせてくれる効果があります。

そして、継続的、反復的に行うことで知識を定着させることができます。特に低学年の算数の計算は、日々の練習が欠かせません。

でも、宿題というものは、まあ、それほど楽しくはありませんね。単調といえば単調ですし、近年は宿題の量が全体的に増加傾向にあります。

ほとんどの子どもはやらなければならないとわかっているし、一所懸命にやっています。遊びたいのを我慢してきっちりこなしているのに、学校の先生も親も「やって当たり前」だと思っているので、あまりほめてもらえません。

それでは子どもにとって、宿題をする時間は全然おもしろくないものになってしまいます。

1日のうちに必ず生まれる「宿題タイム」がつまらないというのは、実にもったいない。そして、もったいないだけではなく、つまらないと思いながらやるのは、やらされているのと同じ。どうせ勉強をするのなら、もっと前のめりにさせたいですね。

勉強の習慣がなかなかつかない子の場合、勉強に遊びの要素を持たせるとグンとやる気がアップします。子どもが楽しいのは、何といっても親御さんと一緒に遊んでいるときですから、勉強にゲーム感覚を取り入れて親子で一緒に取り組み、「勉強は楽しい」とインプットしてしまいましょう。

計算が楽しくなる

低学年の宿題のメインは、計算と音読です。

まず計算については、ドリルの丸つけで「10問連続正解」という具合に記録をつけていきます。これは、正確さを競うゲーム。「1週間連続正解記録樹立！」と記録を伸ばすたびに、カレンダーにシールやお祝いマークを記入してあげます。

親がついてあげられるときや週末限定として、「ヨーイ、ドン！」で競い合うのもおすすめです。スピードを追求するタイム計測ゲーム。特に男の子は、ハマれば夢中になります。

音読が得意になる

音読の宿題は、親が聞いて最後にチェックをしなければなりません。

いつやるかという時間の要素が、子どものモチベーションに大きく作用しますね。

そこで、私は朝をおすすめします。朝、声を出すと、子どもの頭もシャキッとします。

「朝ごはんミーティングで、子どもの今日の予定を聞く」（76ページ）でもお話ししたように、朝は家族が顔を合わせて、1日の予定を話し合える絶好のチャンス。その場で音読が習慣になると、毎朝2~3分の時間を共有する入口になります。「今日はどんなことをする予定?」と、会話をしやすくなりますよね。

「毎朝、7時30分開始」「パパが出発する10分前には音読スタートね」という具合に親子の間で時間を決めて、生活のリズムにしていくことができたらいいですね。

帰宅後にやるのでも、もちろんいいですよ。子どもが聞いてほしいタイミングに、聞いてあげることが大切です。

音読が苦手な子や嫌いな子は、「お母さん、聞いてるからね」と声をかけて、「超早口」「大きな声」「芸人○○のモノマネで」「ミュージカル風」などリクエストして、ゲーム要素を加えていってください。

練習の第一歩

宿題を使ったゲームを考える。

4-3 学童で宿題をやらない子は、まず過ごし方を確認

叱る前に親が取りたい行動

「学童で宿題をやる」と約束をしてもなかなか守れないとき、どんな働きかけをすれば習慣づけることができるのでしょう。共働き家庭にとって学童はとてもありがたい場所ですが、指導員がいつも勉強を教えてくれるわけではないので、自律的に学習できるかどうかは子ども自身にかかっています。

「いい？　明日はやるんだよ」と言い聞かせることを繰り返しても、効果は期待できません。そこで、こんなふうに対応してみてください。

宿題をやらない状態が続いたり、サボることが増えてきたら、「今日は誰がいたの？」「何時くらいに着いたの？」「何先生がいた？」「最初、何したの？」という具合に、学童での過ごし方について子どもに教えてもらいます。

聞き方のコツとしては、本人が振り返りながら、自分がどんな時間を過ごし、そのとき周りはどうしていたのかということをできるだけ思い出してもらうこと。

「あなたが○○していたとき、先生はどんなことをしてたの？」「そういうとき、お友達は何やってるの？」と周囲のことを意識的に聞いてください。

これには意図があって、周りを見る目を養うことで周りの行動を意識できるようにするためです。学童で宿題をやっている子は、いるはずなんです。

「お友達の□□ちゃんは、宿題やっていたんだね？」「そのとき、あなたは△△ちゃんと遊んでたの？」と重ねて聞いていくと、周りの様子から「あ、今は宿題をやるときだ」と気づけるようになっていきます。気づきの力を高めるには、周りを意識させる力も必要なのです。

「遊びに誘われた」ときの断り方を教える

「約束守れなかったのは、何かあったの？」と聞いたとき、子どもの口からよく返ってくるのが「だって□□くんに遊びに誘われたんだもん」といった類の答えだと思います。

そうしたら、「周りが遊んでいても、あなたはやるんだよ」ということを再度約束し、学童での過ごし方を一緒に考えます。たとえば、「最初の30分で宿題を終えたら、いくらでも遊んでいい」「まずは算数をやって、ちょっと遊んでから、国語をやる」という具合に。

そして、「遊ぼうって誘われたら、先に宿題終わらせることになってるから待っててねって言えばいいんだよ」と、友達から誘われたときの断り方、ケンカにならないうまい言い方を教えてあげます。

「でも、□□くん、そんなこと聞いてくれない」となったら、「じゃあ、先に一緒に宿題やろうって誘ってみたらいいんじゃない？」と提案してみます。

こうして学童での過ごし方を聞くことによって、子どもの周りの情報を点検して、勉強の計画が実行できない要因が何なのかを、つかんであげましょう。

そして、「明日は勉強も終わらせて、お友達とも仲よく遊んで、家に帰って来るのをがんばろうね」と伝え、帰宅後「今日はできた？」という話から、「断り切れなかった」「途中までやったけれど、やっぱり遊びたくなっちゃった」という話になったら、そこは段階的に練習させていけばいいですね。

やりたいことを我慢するのがまだ苦手なら、その日の朝に「今日、学童で何したいの？」と聞いて、本人がやりたいことを先に言わせて、「じゃあ、それをいっぱいやるために、絶対、宿題やろうね」と約束をします。

それでも本人が「イヤだ、ちょっとでも早くやりたいもん」と駄々をこねたら、早くやりたいというのを言わせるだけ言わせた上で、「わかるよ。思いっきりやったらいいんだよ。それで、宿題も絶対やるってことは知っているでしょ？　だから先に済ませて、そのあと一緒に遊ぼうよ」と、親は穏やかに、でも譲りません。

やることをやってから遊ぶものだという考え方だけは、本人の中に受け入れさせていくことは、親の練習になりますね。

宿題しない子は、したくないだけの理由があるんです。疲れるから、自信がないからなど、いろいろです。

ただ、「したくないけれど、怒られるからやるんだ」というマイナスの気持ちで動かすよりも、「宿題を先にやってから思いきりいっぱい遊んできてくれたら、お母さんは宿題のことも遊びのことも、どっちもほめてあげられる。宿題が残っていたら、あなたが遊ぶことをお母さんが嫌いになってしまう。それは、イヤじゃない？　お母さんはイヤだな」と、宿題をやること、やらないことの違いを、子どもにわかるように気持ちを込めて話してあげましょう。

小1だろうが小2だろうが、この会話は通じると思います。宿題をやることによって得られるよさも教えることができます。

そして、うまくいったときは、「なぜ、今日は宿題をできたの？　すごいね！」と、魔法のフレーズでほめてあげましょう。

練習の第一歩

子どもが約束を守れないときは、そのときの様子を聞き取ってみる。

4-4

授業が聞けているかどうか、3分復習でチェック

復習の本当の意味を知っていますか？

学校の勉強を定着させていくには、復習が欠かせません。では、復習とは何かというと、ほとんどの方が「宿題をすること」と考えています。確かに、宿題をこなすことで学習習慣が身につきますが、実は宿題をすることだけが復習ではありません。

復習とは、「授業でやったことを振り返ること」。ですから、「今日は算数で何やったの？」「国語はどんな授業だった？」と、親御さんが聞いてあげるだけで子どもは振り返ることができ、それが復習になるのです。

低学年のうちは、具体的に聞いてあげないと答えられないかもしれません。「算数で三角定規を持って行ったけれど、どんな使い方をしたの？」「国語でどのお話を読んだの？」と、親御さんが授業内容をある程度予想して、尋ねてあげるといいですね。お子

さんが答えやすくなります。

学年が上がってきたら、「今日学校で習って覚えたことを3つ教えて」と聞いてみましょう。朝ごはんミーティングで前もって伝えておくと、子どもは「帰ったらこれをお母さんに教えてあげよう」と意識的に授業を聞くようになります。学校で主体的に学べるようになるわけですね。

夫婦共に忙しく、宿題のチェックだけで精一杯というご家庭は多いと思います。ですが、この一段階が入るだけで、子どもが学校で授業を聞くことができているかどうかが把握しやすくなる、というメリットがあります。

「○○の必殺技を教えてくれたんだよ」「△△くんが答えたけれど、惜しかったんだ」と言える子は、授業内容を理解しています。低学年のうちは「わかんな〜い」が続くかもしれませんが、好きな科目からはじめてみると習慣づきます。

ごはんやお風呂の時間のほんの2、3分をうまく使うだけで、復習になります。

中学受験を目指すご家庭の場合、塾で本格的な勉強をはじめるようになると、この復習のテクニックはさらに重要になります。小さいうちから復習に慣れておくと、あとが大変ラクになるというわけです。

教科書とノートの利用法

復習の効果を高めるため、低学年のうちは、親が教科書を先に見ておいて授業の流れを把握しておくことも大切です。パラパラ見るだけで十分ですが、一つだけコツがあります。

それは、親御さんがお子さんの前で「お父さんも小学生のとき、国語でこのお話読んだなぁ」「へ～、青森県は全国のおよそ半分のリンゴを生産しているのか」といった具合に、親自身が興味を持っておしゃべりしながら見ることです。すると子どもは、「どれどれ？」と教科書をのぞき込んでくるでしょう。お父さんがおもしろそうに見ている＝自分も知りたい、と教科書に興味を持つからです。

ノートも大切ですね。「今日は算数でこんなことやったんだね」と声をかけながら、学校の授業ノートを一緒に眺めるとよいでしょう。自然と、授業の話をしてくれるようになります。

たまにわが子のノートをパラパラ見て、「計算間違ってるよ！」「字が汚いなぁ、もっと丁寧に書きなさい」などと叱る材料になっていないでしょうか。

それよりも、ノートの書き方や文字の大きさ、濃さ薄さには、授業中の本人の様子や気持ちが表れているんだという目で見てあげてください。

そして、「もしかして、この授業のときは疲れていたの？」など、お子さん自身に関心があるという気持ちで、声かけをしてみてください。授業への取り組みが変わってくるでしょう。

練習の第一歩

「今日、授業でどんなことやったの？」と聞く。

4-5 ドリルはやらせるのではなく、親も一緒にやる

同じものを2冊買う

最近、家庭学習に熱心な親御さんが増えています。学校だけに任せておくのは、将来が不安。勉強面で出遅れて後悔しないよう、小さいうちからできる限り関わっていこうとされていますね。

そこで、市販のドリルや問題集を購入してみるというケースが多いと思いますが、子どもが素直にやるかというとそうはいかない。「せっかく買ったのに、全然やらない！」と悩んでいる方にうまくいく方法をお教えします。

なぜ、子どもはドリルや問題集をやらないのか。さっきまで一人で本を読んだり絵を描いたりしていたのなら、その延長でやればいいのに、「ドリルをやるから、お母さんこっち来て」「お父さん、見てて」という具合に急に頼りなくなってしまうのは、なぜ

なのか。

子どもは、○×をつけられるのがイヤなのですね。ドリルや問題集は、特に小さい子どもにとっては得体の知れないものだから怖いのです。問題を解くという行為の一つ一つが新しい経験だから不安で、急に一人で新しい場所へ行ったような心細さを感じるのです。

だから、まずお子さんをその気にさせるには、親子で一緒にドリルを解くのがベストの方法です。

子どもが解くのを親がそばで見ているのではなく、同じものを2冊買って親も一緒にやるのです。まったく同じドリルではなく、「お父さんは大人だから、6年生のをやるね」と飛び級してもいいでしょう。

「今日は何ページやる?」「何分やろうか?」「競争する?」というようにゲーム感覚を取り入れれば、幼稚園児でもノッてきます。

最初にレクリエーションとしてやっていくうちに、毎日5分の習慣がついていきます。5分であれば、親御さんが帰宅後の時間をうまく使って続けていくことができるのではないでしょうか。

本屋で子どもに選ばせる

「せっかく買ったのにやらない」という状態にならないために一番大事なのは、親が買って与えてしまわないことです。市販のものを買うのであれば、子どもが小さければ小さいほど、本屋へ一緒に行って、子どもに選ばせましょう。

親御さんには親御さんなりの考えがあって、子どもに与えるその1冊を選んでいると思います。教育関係の本や雑誌などから情報を得た上で、厳選されていることでしょう。

でも、市販のドリルや問題集には、子どもとの相性があります。デザインや文字のフォント、イラスト、表紙の色づかい、紙質、手に持ったときの感覚など。ちょっとしたことで、子どもの「やりたい気持ち」が湧き上がったり、萎えたりします。「そんなことよりも質でしょう」と思うかもしれませんが、そうではないのです。

そこで、ドリルを選ばせたいなら本屋へ一緒に出かけ、コーナーの前で「どれにしようか。いろいろ見てみたら?」とうながし、自分の手で取らせ、パラパラとめくらせます。

親御さんが目星をつけているものがある場合は、「こういうのもあるんだね」とさりげなく関心を向けさせてもいいですが、直感で「どうも好きじゃない」と感じたら手に取らないでしょう。無理に「これがいいらしいよ」などと押しつけず、最後の最後まで「どっちがいい？」「自分の好きなのにしなよ」と選ばせます。

そうしないと「自分のドリルだ」と思えないので、自分からやらないのです。人が選んだものだといつまでも自分事にならず、やらされている感が募ってしまうのですね。「よい教材でなければやる意味がない」という考え方もあるのですが、まずはドリルなどをやるハードルを下げることがスタートです。いつまでも「やりなさい」「やだっ！」の応酬を続けるのでは、意味がありませんから。

こうやってお気に入りを買ってもらえたら、子どもは国語辞書でさえ好きになります。「僕のだ」「私の」と思えるかどうかは、その後の行動と大きく関わります。

練習の第一歩

ドリルは子どもに選ばせる。

4-6 すぐあきらめる子を変える「手順リスト」効果

「考えなさい」は効き目がない

早くから塾通いをしてきた子によく見られる現象なのですが、問題をちょっと見て、「あ、難しそう」と思った瞬間に解くことをあきらめてしまう子がいます。やる気がないと判断しがちですが、実際のところはやる気の問題ではありません。

そういう子は、間違えることが怖いのです。間違えるたびに叱られてきた経験が重なると、間違えなくて済む問題だけを解こうとする癖がついてしまいます。

その結果、解き方を思い出すだけで答えが出るような問題、考えなくていい問題だけに手をつけようとします。安全だからです。

社会人の中にも失敗を恐れ、打開する自信がなく、安全なことだけに取り組もうとしてしまう人がいますね。そういう人に「前向きにトライするんだよ！」と鼓舞してみても、どうでしょう？　「いや、自分は……」と、ますます殻にこもる姿がイメージできませんか？

子どもも同じです。

すぐにあきらめてしまう子を前に、前向きにトライしてほしいと思って、「もっと考えなさい」「それくらい自分で考えなさい」と求めるだけでは、動けないのです。「考えなさい」といくら言っても子どもは反発し、または困ってしまって、親子のギクシャクが増えるだけです。そして、子どもはますます「自分はダメなんだ」と感じ、「考えたってどうせ無理」という思いが作り上げられてしまうのです。

さて、このように「考えなさい！」と言いたくなるような状況について、受験指導でも企業の人材育成においても、私は決まった問いかけを行います。

①今、何について考えたいですか？（何が問題ですか？＝【対象】）
②どうなることが目標ですか？（どうなればいいですか？＝【目標】）
③今、わかっていることは何ですか？（使える知識や情報には何がありますか？＝【材料】）

この3つを、この順番で問いかけます。親が子どもの勉強に対して行うのであれば、

①どんな問題を解こうとしているの？【対象】
②何が聞かれているの？【目標】
③どんな知識が使えそう？　今わかっていることは何？【材料】

となります。この3つを問いかけると、子どもは自分がわかっていることを順に見つけることができます。つまり、「考える」とは【対象】【目標】【材料】を明らかにしながら、それぞれを関係づけていくこと。この親の問いかけによって「考えるコツ」がわかってくるのです。

安心感を渡してあげる

やればすぐできる課題なのに、「どうせ無理」「できな〜い」とわが子があきらめてしまうとき。叱咤激励の前に、やってほしいことが二つあります。

一つ目は、安心感を渡すこと。

言いかえれば、間違えることへの不安感を取り除くということです。「あ、難しそう」と感じた一瞬であきらめてしまうようなケースは、親から見れば歯がゆい限りですが、真面目さの裏返しでもあります。

そういった子どもに考えることへの安心感を渡すには、「何」に意識をおいた声かけが効果的です。「『何』が今、問題かな?」「『何』を目指そうか?」「わかっていることには『何』がある?」と、明確な問いを行うことで、手順を踏んで進めていけば、必ず道が開けるという安心感を渡すのです。

情報を整理して、手順通りに進めていけば、今、自分ができる精一杯で「考えた」ことになるという安心感です。

二つ目は、「手を動かす」うながしです。

思い悩むより、「まず書いてみよう」と声をかけます。そのため、「問題の解き方がわからない」となったときに活用する「やってみるといいリスト」を前もって作って横に置いておきます。詰まったら、それを見ながら自分で選んでやってみるのです。

算数でいえば、「図を描く」「線を引く」「数字を□で囲む」など。社会ならば、「出来事を順に矢印でつなぐ」「知っている年号を書き込む」など。
「『何を』＋『いつ』で動き出す」（119ページ）でもお伝えしたように、チェックリストは子どもが安心して動くための原動力になります。勉強面で活用するならば、子どもが詰まってしまいそうな場面ごとに、「手順リスト」を作っておくといいのです。

練習の第一歩

「考えなさい！」と言うかわりに、「何について考えているの？」と問いかける。

4-7　わが子を伸ばしたいならアドバイスは不要

大切なのは目標と気持ちの共有

今週末に算数のテストがあるとしましょう。

出題範囲は事前にわかっているのですが、お子さんの苦手単元から出題されることになっています。復習をしておかないとまずいですね。でも、当の本人はあまり真剣に取り組んでいる様子がありません。そんなとき、「勉強しなきゃ、また悪い点だぞ。はい、問題集」「次は絶対に90点以上だぞ」などと叱咤激励したつもりが、「どうせ僕バカだもん！（プイッ）」と逆効果になっていないでしょうか。

勉強やスポーツで、もっといい点数を取らせてあげたい、上達させてあげたい、成功させてあげたいという気持ちから、「こうしたほうがいいと思うよ」「そんな計画ではテストに間に合わないから、もう少し考えて取り組みなさい」「この本、トレーニングの参考になるから読んでみたら？」といった「アドバイス」を、ついしてしまいますね。

「ありがとう」とは返ってこないにしても、「は〜い」と返事くらいはするかなと思っていたら、「そんなに信用できないの？」と怒り出したり、「どうせ私はできないもん！」と泣き出したりしてしまう。「子どもにどう接したらいいのか、わからなくなってしまった」というとき、さてどうしましょう。

自分が直接の行動を代わることはできないけれど、当人がうまくやれるように手伝ってあげたい。自分の行動に自信を持って、よりよい方法を工夫できるようになってほしい。何より、自分のことは自分でやろうと自立していってほしい。そういうときのうまいアドバイスの方法があります。

これは、ビジネスを例にすると、とてもわかりやすくなります。

ビジネスでチームのマネージャーが、部下のやる気を引き出したいときに大切なのは、信じて任せることです。ただ、「すべてご自由に」というわけにはいきませんから、仕事の一部を任せる。そして、任せた以上はできる限り口出しをせず、見守る。必要なときは助言を与えながら、失敗しても責めるのではなく、次の成長へ向けて本人に考えさせたり、今度こそやり遂げようという気持ちを持たせる。

マネージャー的な立場にある方は、日頃から実践されているのでご存じでしょう。権限委譲というものですね。この感覚を、子育てにも取り入れるといいのです。

自力でやれそうなことだけ「任せる」「預ける」

テストでがんばらせたいのならば、「今度のテストは何点を目標にしようか？」と話し合い、まず明確な目標を子ども自身に言ってもらいます。そして、「取りたい？」と目標への意欲を確認し、「がんばれそう？」と、やれそうだという自信に耳を傾けます。

本当はもっと取れそうだなと思えるときは「前のテストで60点取れていたから、もっといけるんじゃない？」と自信の理由と共に、目標を上乗せして、励ましてあげるといいですね。

本当に自信がないなら、「うん、確実に取りに行ってみようか」と、お子さんの立てた目標を認め、次の目標アップにつないでいくのがいいのではないでしょうか。

つまり、「明確な目標」と「やれそうだという気持ち」を共有することです。

その上で、「来週、漢字テストがあるんでしょう？　毎日の宿題もがんばれていることだし、覚え直しの計画も自分で立ててみようか？」と、お子さんが今できていることをほめながら、勉強の一部分を本人に委ねていきます。本人の自主性が大切なので、やるかどうかは必ず本人に尋ねます。

このように、やることの一部を本人に「委ねつつ譲っていく」のがポイントです。

モチベーションアップの環境作り

アドバイスではなく、「委ねつつ譲っていく」このやり方は、夫婦間でも取り入れると子育てが変わっていく上に、子どもが伸びる環境を作っていくことができます。

たとえば、奥さんが「あの子、『お母さん、次は何したらいいの？』って聞いてくるばかりで全然動けないの。毎日忙しいけれど、私が確認するしかないじゃない」とボヤいたとします。ご主人の目には、ニワトリとたまごの関係で、「手取り足取り構いすぎるから、自分で考える力が育たないんじゃないのかな？」とも見えます。ですが、それをそのまま口にすれば、どんな反応が返ってくるかは火を見るよりも明らかですね。そこで、権限委譲の知恵を活用すればいいのです。

「君は、毎日勉強を見てくれていて、あの子に何ができて何は苦手か、誰よりも知っているよね。それで相談なんだけれど、自分のことを自分でできるように少しずつ本人に任せていくチャレンジを一緒にしてみない？　何か困ったことが起きたら、僕の責任で立て直しはするから、どんなことからなら任せていけそうか考えてみてくれない？」

いきなり「こうしたら」とアドバイスするのではなく、このステップがきちんと踏まれると、「あなたも一緒にがんばるなら、チャレンジしてもいいわね」と、お母さんはお子さんとの権限委譲に入ることができます。

共働き家庭が増え、ここ10年で子育てに積極的なお父さんが増えました。自分も子育てに参加したい、いつもがんばってくれている奥さんの手伝いをしたいという気持ちにあふれているのですが、父親は子育て方針や習い事などの意思決定にだけ参加して、毎日繰り返される日常の関わりは圧倒的に母親というご家庭が、まだまだ多数を占めています。

そして、意思決定という形で子育てに関わることがメインになると、知らず知らずのうちに妻や子どもにアドバイスや指示をしてしまうのですね。家庭内でマネージャーポジションに座っているイメージで、上司風を吹かせてしまう。

しかし、マネージャーがチームを成功させていくには、メンバーを信頼して任せ、責任は自分が負うというのが基本です。お父さんがうまく子育てに関わっていくためにも、「委ねつつ譲っていく」感覚は欠かせません。

「勉強はお父さんが見る」というご家庭は、今、とても増えています。ちょっとしたボタンのかけ違いでお子さんの勉強に対するモチベーションが下がってしまわないよう、仕事での経験値をうまく活かしていきましょう。

練習の第一歩

テストの目標を子どもに決めさせる。

4-8 自分でスケジュールを立てれば「やらされてる感」ゼロ

計画は「気分がよい」体験を重ねるためのもの

勉強の見守り方をお伝えしてきた本章の最後に紹介したいのが、「スケジューリング」です。計画力と子どもの自立、勉強に対する内発的動機はダイレクトに関係します。親御さんには、単に学習スケジュールの立て方というよりも、自己管理力の養い方としてとらえていただきたいと思います。

さて、スケジュールというと、「いや、小さいうちからスケジュールで縛るなんて、かわいそうだ」「計画の力を育てることは大事だと思うけれど、10歳にもなっていない子には無理でしょう」と思っていませんか？

これ、どちらも間違いです。

スケジューリングの力は、子どもを自由にします。そして親にも自由を与えてくれます。さらに重要なポイントとして、子どもが小さければ小さいほど、計画の力は育ててあげやすいのです。

本来、計画とは、「その通りにやるだけで思った通りの結果につながる」ものです。そして、計画通りにやる人は結果が出るので「気分がよい」体験を重ねられます。気分がよいから、次の計画を立てることも当たり前に行います。計画が立てばそれをやるだけだから、また結果が出ます。だから、これを繰り返していくことができます。

つまり、子育てでも計画を立てることと「快」を結びつけてしまえばいいのです。人間は「不快」から「快」に向かう生き物ですから、計画を立てることが快感と結びつければ、あとは自動的に繰り返すようになります。

お子さんが小さければ小さいほど「計画ってイヤだな」という不快な記憶がないので、内なる抵抗がありません。最初から、「計画を立てるといいことがある」「スケジューリングはおもしろい」という感情の記憶を数多く植え込んで、子ども自身が計画を立てたくなるように育ててあげることが大切です。

就学前でもはじめられる

スケジュールといっても、最初は落書きのようなものでもいいのです。

わが家の場合は、息子の行動記録を私が書いてあげました。最初は紙切れに、「7時　あさごはん」「7時30分　プラレール」「8時　ようちえん」……というふうに、縦書きに並べて書いていたのです。それを息子が興味津々で見ていました。数字が並んでいるのがおもしろかったのだと思います。

そのうちに、そこに書かれていることが自分の1日の過ごし方だとわかるようになり、「昨日も今日も公園行ってなーい。明日は行く?」と、昨日、今日、明日という時間のつながりを視覚的にとらえられるようになりました。次に、「明日は何したい?」「何時がいい?」と聞いて、本人の目の前で予定のメモを書くようにしました。

毎日続けているうちに、「明日も書く」と、予定立てが本人にとっても習慣になっていったようです。

しばらくすると、自分でも紙やノートに計画を書くようになり、遊ぶ予定だけではなく、計算ドリルなどの勉強も「いつやろうか」と自然に考えるようになっていました。

このように、子どもに取り組んでもらうには前段階として親側の準備が必要です。そこで、次の5つを日頃から親御さんが意識してみましょう。

①時計の感覚

15分が4回過ぎたら1時間経つ、ごはんに45分かかるとアニメの最後の10分しか見られなくなる、といった感覚を養うため、遅くとも5歳くらいには子どもと一緒に時計を見て、時間を意識させはじめましょう。学校で時計を本格的に習うのは小2ですが、待つ必要はありません。

②行動の記録

まず親が書いてあげます。勉強してほしいという気持ちがあると、つい、「(価値があることを)何もしていない」と書いてしまいがちですが、親としての判断は交えずに「おしゃべり」「ゴロゴロ」と出来事をありのまま記録するのがコツです。

③笑顔のフィードバック

子どもが実行している姿を見て「がんばれているね」と笑顔で伝える。子どもにスケジューリングは「快」だと認識させるための重要要素です。

④タスクの分解

「算数の宿題を終わらせる」ための具体的な行動の一つ一つを、「宿題の確認と準備」「授業の復習」「問題を解く」「答え合わせと間違った問題の解き直し」といった具合に分解し、行動をイメージしやすくしてあげます。箇条書きも効果的。

⑤カジュアルな問いかけ

「今日はどんな計画なの？」と問いかけて、返ってきた答えが予想したものとは違うときも「それは違うでしょう」とダメ出しするのではなく、「あ、そうなんだね」とそのまま受け取るのがコツです。

一方的にやらせるだけの状態に陥らないよう、子ども自身が自発的に関われる状況を作り出すための「問いかけ」です。

子どもが自分自身にとって価値あることのために時間を使えるようになると、勉強すら楽しく、やらされている感はゼロです。

そして、親は子どもの物理的な管理から解放されます。計画を立てる段階と、途中確認だけ手伝ってあげれば大丈夫になり、高学年になる頃には計画立案の段階すらわが子に任せ、成長する様子をポジティブに見守り楽しんでいればよくなります。すると、子どもに対する後ろめたさなしに、仕事に邁進できます。

子どものスケジューリング力を育てることは、親にとっての積極的なワークライフバランスにもなるのです。

焦らずじっくり、何年かかってでも親から子に贈ってあげたいのが、子どもの一生ものの力となる計画の力だと私は思っています。具体的なやり方を「子どもが計画力を身につける9ステップ」として章末のコラム（170ページ）にまとめましたので、親子で取り組んでみてください。

練習の第一歩

「子どもの行動記録」を書いて、子どもと共有する。

コラム②

子どもが計画力を身につける9ステップ

子どもが自分で計画を立てられるようになるには、9つのステップが大切です。段階的に見守っていきましょう。

できたらチェック!

□ STEP1 **カレンダーと出会う段階**

リビングのカレンダーに、楽しみにしている予定を子ども自身が書き込んだり、シールを貼ったりすることからはじめます。子ども専用の小さなカレンダーをあげるのもOK。

□ STEP2 **遊びの予定を聞く段階**

カレンダーを見ながら「○○くんと次はいつ遊ぶの?」、時計を見ながら「今日は何時まで公園で遊ぶ?」などと問いかけ、自分の過ごし方を決める機会を増やします。

STEP3 行動の記録をつける段階

子どもに自分の行動を客観的に把握してもらうため、まずは親が書いてあげましょう。「今日、何したか教えて」というスタンスで接し、「監視されているみたい」とならないように。

STEP4 今日の予定を立てる段階

「今日は何する予定なの？」と声かけし、本人が口にしたことを「メモしておいたら」と、うながします。「何したらいいの～？」という場合も焦らず、「一つでいいから、大事だなと思うことを言ってごらん」と手伝ってあげてください。本人が慣れるまで1～2週間続けます。

STEP5 1週間のおおまかな予定を立てる段階

ここでの目的は、1週間の時間の中には、「学校」「水泳」など先に決まっていて自分では変えられない時間と、自分の意思で自由になる時間の2種類があると知ること。

STEP6 ルーティンを整える段階

「毎日繰り返す当たり前のこと」を親子で確認。そのためにも、前段階で「見える化」。

STEP7 1週間計画を立てる段階

①子どもが案を出し親が書く↓②親が枠だけ作って中身は子どもが書き入れる↓③子どもが全部書く、のステップを踏んで。②を2、3ヶ月続けると③へ進めます。

ここまでが、「自分がやりたいことを積み上げる計画の立て方」で、その先に「目標を叶えるための計画の立て方」があります。

STEP8 目標達成の計画を立てる段階

目標とは「自分がどうなりたいか」。「できていたいことの書き出し」「目標達成のためのタスク整理」「優先順位づけ」などを一緒に話し合います。

STEP9 結果を振り返り計画を修正する段階

ここまできたらお子さんは見事に自立できます！　大切なのは「結果に向き合う心を育てること」。

結果が出ていなくても、責める、落ち込むは無用です。

STEP5 1週間のおおまかな予定の例

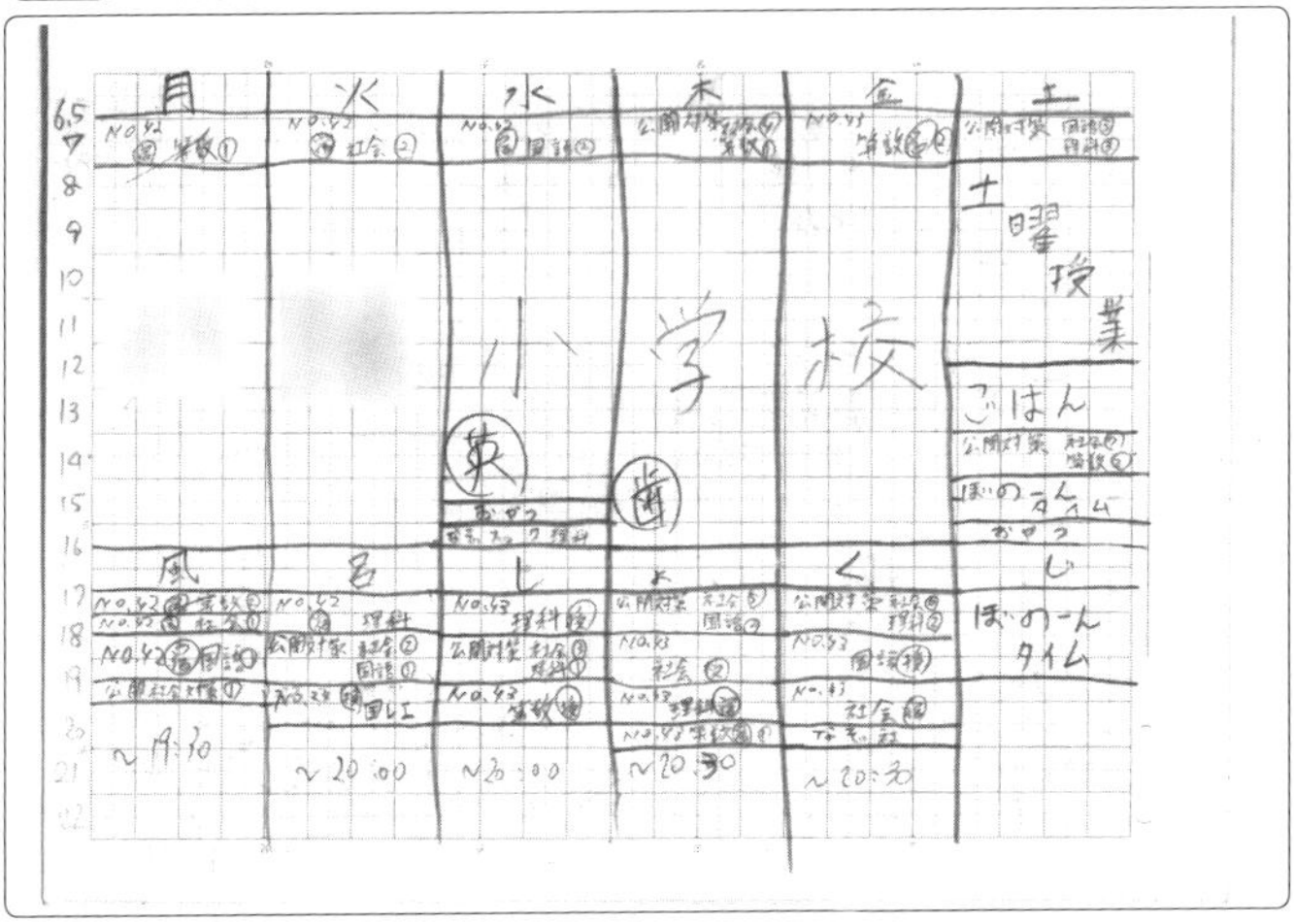

STEP9 結果を振り返り計画を修正する例

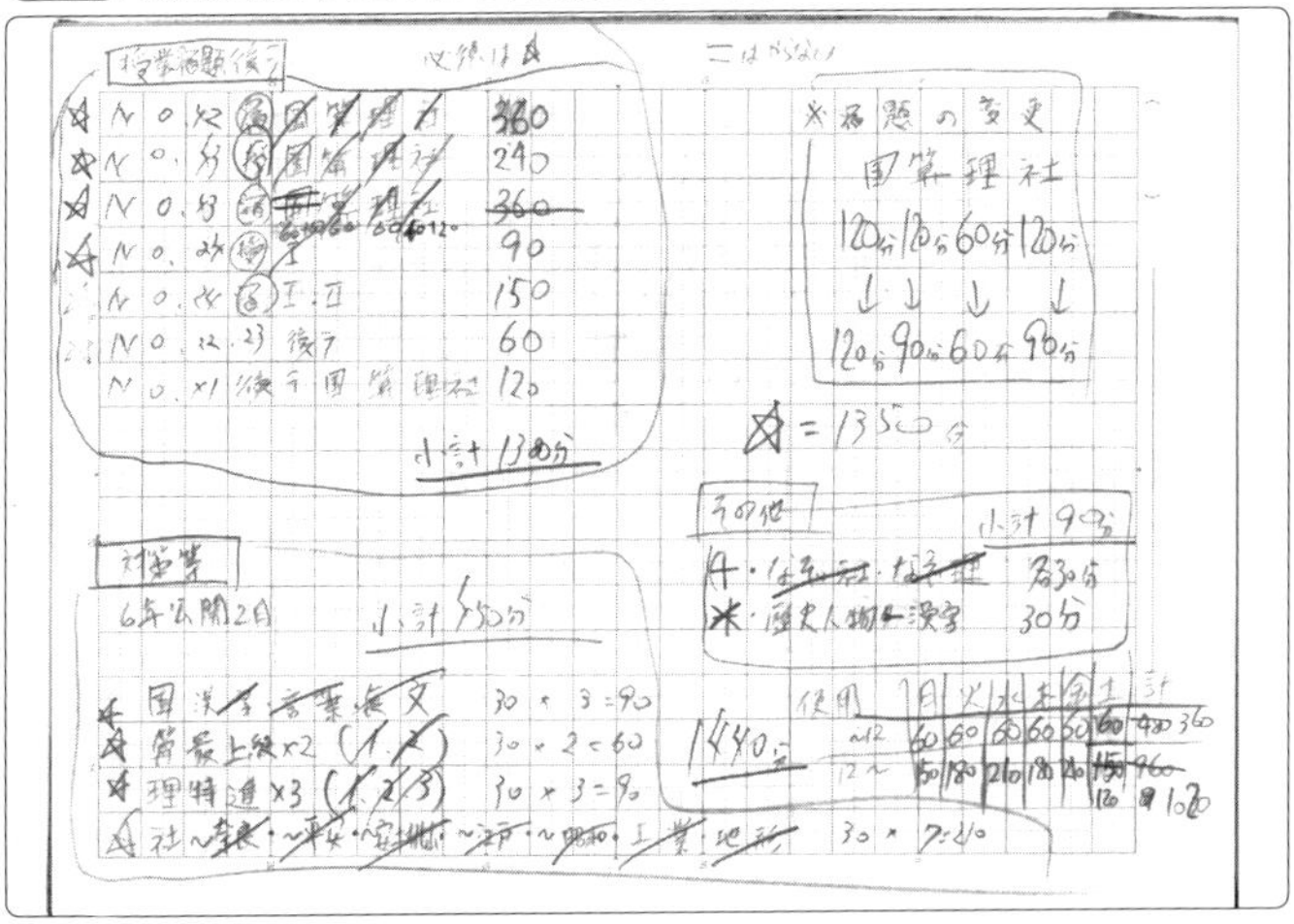

木曜 9/17	金曜 9/18	土曜 9/19	日曜 9/20	
5：30 起床	5：30 起床	5：30 起床	5：30 起床	5:30
食事・支度	食事・支度	食事・支度	食事・支度	6:00
国語復テNo. 25	浜漢字No. 25、26	理科復テNo. 26	ことばの学習	6:30
国語直し	理科復習・宿題No. 26	理科直し		7:00
7：40 出発	7：40 出発	国語復テNo. 26		7:30
		理科直し	算数オリンピック	8:00
		おやつ		8:30
		計算練習	おやつ	9:00
				9:30
		社会　予習・演習		10:00
小学校	小学校			10:30
			サイエンス	11:00
		食事	9：45-12：45	11:30
				12:00
				12:30
				13:00
		浜最レ		13:30
				14:00
	15：00 帰宅		実力テストに向けた特訓（サピックス実力テスト）	14:30
	おやつ			15:00
16：00 帰宅	学校宿題			15:30
学校宿題	国語授業No. 26			16:00
食事				16:30
16：50 出発	風呂・食事	風呂・食事	風呂・食事	17:00
スイミング				17:30
	国語 復習・宿題No. 26	名探偵コナン	ちびまるこちゃん	18:00
			サザエさん	18:30
風呂	ドラえもん	算最レ　復習		19:00
				19:30
学校宿題／浜音読				20:00
				20:30
睡眠	睡眠	睡眠	睡眠	21:00
				21:30

STEP7 1週間計画の例

	月曜 9/14	火曜 9/15	水曜 9/16
5:30	5：30 起床	5：30 起床	5：30 起床
6:00	食事・支度	食事・支度	食事・支度
6:30	片づけ	公開直し	理科復テNo.25
7:00			理科直し
7:30	7：40 出発	7：40 出発	7：40 出発
8:00			
8:30			
9:00			
9:30			
10:00			
10:30	小学校	小学校	小学校
11:00			
11:30			
12:00			
12:30			
13:00			13：35 帰宅
13:30			学校宿題
14:00			
14:30	15：00 帰宅		理科授業No.26
15:00	学校宿題		
15:30		16：00 帰宅	おやつ
16:00	食事	おやつ	国語授業No.25
16:30		学校宿題	
17:00	16：50 出発	風呂・食事	風呂・食事
17:30	スイミング		
18:00			
18:30		公開直し	国語No.25 復習・宿題
19:00	風呂		
19:30		勉強不足のところを 覚え直し	算最レ　復習
20:00			
20:30			
21:00	睡眠	睡眠	睡眠
21:30			

CHAPTER 5

ほめる仕組み作りで、自信を育む

［自分のことが好きな子に育てる方法］

5-1 「ほめる」は子どもが育つ〝毎日のごはん〟

わが子の自信を育むには？

本章では、「自立できる子に育てる」ために、常日頃から親御さんが意識するといい「関わり方」のコツをお伝えしていきます。

母「お母さん、明日は遅くなるから、宿題は一人で済ませておいてね」
子「え～、お母さんが帰ってきてからじゃダメなの？」
母「宿題くらいできなきゃ、もう○年生でしょ」
子「できない！　算数難しいもん」
母「なんでいつもすぐ〝できない〟って言うの！」
子「だって、無理だもん（泣）」

このようなときの親御さんの気持ちは、「やればできるはずなのに、どうして自信が持てないのかな」「トライしてみてほしいのに」といったところでしょう。

そもそも、自信とは何でしょうか。自信とはまさに「自分を信じる」ということなんだから、結局は本人次第なんじゃないかと感じる方もいらっしゃると思います。

自分自身がこれまで努力できてきた人、人一倍成果を上げてきた人は、どちらかというと「本人次第」と感じる傾向があるようです。また、現在50代後半以上の方と20代、30代の方とでは、「自信を持つ・持たせる」ということについての考え方にかなり違いがあります。

日本全体がまだ成長していた時代に社会に出た世代の多くは、与えられた場で一心に打ち込めば報われるという体験を持っているようです。何をすればいいのかがはっきりしている場では、「できるかできないか」は、「やるかやらないか」とほぼイコールの関係になりますから、やればできる、できるから自信が増す、とわかりやすいのですね。「やれば成果が出るんだから、やればいいだけ」と思える人にとっては、自信を持つかどうかは本人次第となるのは、むしろ当然です。

一方、日本が低成長期に入り、多様化と選別の時代に生きている世代は、何に取り組めばいいのかを探すところからスタートです。選択肢が多いともいえますが、目の前のことに取り組んでいて大丈夫なのだろうかという不安が常につきまとう時代です。「やればできる」と言い切れない不確実さの中を一歩踏み出せるかどうかは、自信の有無が関わってきます。自信のなさが目につくのは、それだけ日常的に自信の有無を問われる場面が増えているからかもしれません。

子どもたちも同様です。学歴を追求していればよかった時代が過ぎ、教育の指針をどうとればいいのか大人たち自体が模索している現在では、「みんなと同じ」であることは子どもたちにとって安心にも力にもなりません。「個」としての自信を育て、「個」と「個」がつながり合って生きていく力が求められています。

ひと昔前に比べて個々の自信が意識されるようになっているならば、子育てや人材育成の面でのアプローチも変えていく必要があります。育てる側が、自分が育てられたときと同じようなアプローチをとってしまうと、時代の変化とずれが生じてしまいます。

このように考えると、新しい子育てを実践していくこれからの世代の親御さんは、自信を持つかどうかは本人次第と片づけるのではなく、「自信の育み方」を意識したほうがよいと私は考えています。

「自信の証明書」を発行するのは誰？

しかし環境や状況がどうであれ、自信を持って行動している人は数多くいます。子どものときから自信満々という人もいます。似た環境に置かれているのに、かたや自信満々、かたやいつも不安げといった違いが生まれてくるのはなぜなのでしょうか。

「うちの子、テストで悪い点を取ってきても『大丈夫！　次はちゃんとやるから！』とまるで平気なんです。何なんでしょう、あの根拠のない自信は」。これは、男の子のお母さんに多い相談です。根拠のない自信。これがポイントです。

自信を持つかどうかに、「根拠」は不要なのです。なぜなら、自信とは思い込みだからです。「自信を持っていいですよ証明書」は、どこからも発行されません。発行できるとしたら、唯一、自分自身だけです。

大きな商談をまとめた、部下から信頼と支持を集めている、受験で志望校に合格できたなど、他人が見れば「十分に自信が持てますね」と思える成果を上げていても、それを本人が「自分は大丈夫だ」「自分はできるんだ」と受け止めなければ、自信にはつながりません。

逆に、ごく小さな商談で、同僚から見るとさほど評価できない案件だったとしても、それを成功させた本人が「自分はやっていけそうだ」と感じ取るなら、自信につながるのです。本人の思い込みなのですね。

そして、思い込みが強い人ほど自信が崩れません。ということはつまり、わが子の自信を育てるには、本人の思い込みを手伝ってあげればいいということです。その最強のアシストは何かというと、身近にいる人の言葉です。

「あなたは○○できる子ね」「すごいね」とほめられて、自分はそういう力を持った人なんだと意識する。意識するからその行動をさらに取るようになる。さらに行動するから得意にもなるし、「自分自身はこうだ」という自我にもつながっていくのです。

自信の種を育てていきましょう

もうおわかりだと思います。「ほめる」というのは、自信を持ってもらうために絶対必要な行為なのです。つまり、子どもが自立して活動できるようになるには、「ほめる」という行為をどれだけ親から渡されたかが物をいうのです。いってみれば、「ほめる」は毎日のごはんのようなもの。エネルギー源といえるでしょう。

「朝と帰宅後のサンドイッチ方式を会話のベースに」（80ページ）でお伝えした「帰宅後のサンドイッチ方式」の流れを思い出してください。朝ごはんのときに「今日は何する予定？」と尋ね、夕食時に「今朝○○するって言ってたけれど、どうだった？」と聞いて、できていたらほめる。この一連の流れは、ほめるチャンスを日常に増やすための「ほめる仕組み」です。

親御さんにとって最も大事な「練習」は、「毎日ほめる」ことと言っても過言ではないのです。「帰宅したら何をほめようか」というふうに取り組んでいってください。

お子さんにとってよい言葉を渡してあげようと意識していると、自然にいいところに目がいきます。自分のできているところ、自分が認められているところを知るたびに、それが子どもにとって「自信の種」になっていきます。

だから、お子さんを観察することがポイントとなります。お子さんの自信の種がまかれ育つその大元には、親御さんの観察力があるのです。

練習の第一歩

ほめる材料を毎日見つける！

5-2

子どもが実感できるまで「ポジ言葉」のシャワーを

子どもは与えられた言葉で自分を作る

ある女の子の例です。母親がうっかりと「あなたは算数のセンスがないわねぇ」と口走ってしまったことが心に残ってしまって、それからずっと自分は算数ができないと思い込み、成績も低空飛行を続けていました。

でも、絵を描くのが得意な彼女は、図形的センスにあふれていました。計算も、生真面目な性格で慌ててしまうために間違っていただけで、間違えにくい工夫を教えてあげれば、すんなりと解けるようになりました。もともと算数的な能力は持っていた子だったのです。

しかし、その力が成績にはつながっていませんでした。自分には算数のセンスがないと思い込み、数字や図形の力を使おうとしてこなかったからです。

小さな子どもは、自分自身のことがよくわかっていません。ですから、自分がどういう人間なのか人に説明することが簡単ではありません。ただ、ほとんどの人が成長するにしたがって、自分自身のことを「こういう人だ」と感じるようになり、他者にも説明できるようになります。

「足が速いよね」と何度も言われた子は、「自分は足が速いんだな」と自分を理解します。周囲の大人から与えられた言葉によって、自分自身を作っていくのです。渡された言葉によって、子どもは自分自身の使い方を決めていくといってもいいでしょう。

そして、ほかの子が走っている様子を見て、自分が走るときはもっとラクに走れている気がするなと思ったときに、「僕って走るのが得意なんだ」と実感できます。

「あなたは○○が得意だね」「○○できる人だね」「君の○○なところがお父さんは好きだな」「いつも○○がんばれているよね。お母さん、すごいと思う」。

こうしたポジティブな言葉をたくさん与えられ、自分自身の言動のちょっとしたことに意識が向き、与えられてきた言葉と自分の実感とが結びついたタイミングで、人は自分をポジティブにとらえることができます。

自信のきっかけ作りとは、「気づくこと＋ポジティブな解釈」なのです。

言葉と実感が結びつく経験をたくさん重ねていくと、子どもは自分の力を信じて、自信の柱をがっしりと立てられるようになります。そして、自分を肯定的にとらえられるようになります。つまり、自分を好きになれるのです。

自分を好きだと感じる。それはイコール、自信を持って生きていけるということです。先行き不透明な時代だからこそ、ぜひとも育んであげたい大切な感覚です。

「その子の天才」を伸ばすために

よく、「うちの子はほめるところが見つからない」と言う親御さんがいます。学習相談などでお会いしていると、とても多いですね。

お子さんをよく観察していたら、ほめてあげたいところはたくさんあるはずなのです。でも、小1の娘が「夕食後に今日も自分のお皿を流しへ持って行ってくれた」という程度のことでは、ほめられないと思っています。いつものことなんだし、と。ほめるというのは、もっとすごいことをやったときに行うことだと思っているのでしょう。

しかし、冷静に考えたら、「小1で毎日忘れずにお皿を流しへ持って行く」というのは、手放しでほめてあげたい行いですよね。

お子さんが小さい頃のことを思い出してみましょう。教えたわけでもないのに言葉を覚えたり、ハッとする色使いで絵を描いたり、練習不足でどうなることかと心配していた発表会当日に、今までで最高の演奏を聴かせてくれたり。すごいことがたくさんあったはずです。

子どもそれぞれにある持ち味は、どこまでも伸びていける「その子の天才」です。プラスの言葉をたくさん渡された子は、自分の持つ天才を当たり前のように使っていくから、伸びていくのです。子どもの「天才」は、親が見つけてあげられます。ぜひ、お子さんの「天才」を伸ばしていってあげてください。

ただ、ほめるといっても、かける言葉やタイミングがうまくいっているのかどうかわからないという親御さんもいらっしゃるでしょう。日々の生活の中で、子どもの状況に応じて瞬時に理想的な言葉を渡すなんてことは難しすぎますし、親御さん自身の気持ちや状況に左右されることも当然あります。

そこで、あらかじめポジティブなとらえ方や言葉をストックしておき、ほめたり認めたりするポイントをメニュー表のように持つことを、おすすめします。

たとえば、勉強をはじめるまでに時間がかかる様子を見ると、つい「ぐずぐずしている」「やる気がない」とネガティブにとらえてしまいますが、「自分のペースを大事にしている」「やったことは着実に身につき徐々にペースが上がる」とポジティブにとらえることもできます。ネガティブに見える現象をポジティブに変換する視点があれば、お子さんに「ポジ言葉」のシャワーを毎日たっぷり浴びさせることができます。

ふとしたときに子どもに言葉を渡すための準備として、章末に「子どものネガポジ変換表」（206ページ）を掲載しましたので、参考にしてください。

ネガ↓ポジのコツは「順接」

また、反対に「いつもすっごくほめていますよ」と言う親御さんもいます。でも、よくよく聞いてみるとこんな感じなんです。

もう少しピアノをがんばってほしいとき、「一所懸命に練習できたね。よかったよ。でも、後半のリズムからがんばってね」なんて言い方をしているのですね。先にほめているのだけれど、結局は注意や指摘、あるいは、叱責に中心が移っています。

自分はほめているつもりでも、子どもは「でも」と言われた途端に気分がガクンと下がって、「なんだ、やっぱりダメ出しか」と、耳をふさいでしまいます。

そこで、もう少しがんばってほしいとき、何かひと言どうしても言いたいときは、こんな言い方を使ってみてください。

「一所懸命に練習できたね。よかったよ。**そして、**後半のリズムをもう少し気をつけると、もっとよくなるよね」という具合に、「順接」の接続詞で結ぶのです。「それでは文意のつながりが変なのでは？」と思われるでしょうが、それでいいのです。

「すると」「そこで」「だから」など、順接であれば何でも結構です。

ほんの少し言葉の組み立てを工夫するだけで、子どもへの響き方が変わります。そして何より、親御さん自身が「ポジティブに伝えよう」と気づくきっかけになります。ぜひ日常で実践してみてください。

練習の第一歩

「でも」のダメ出し追加を、「そして」の励まし追加に変える。

5-3 年齢が上がるほど、「ほめハードル」を下げる

回数やタイミングに工夫を

子どもが小さい頃はいいところを見つけてはほめていたのに、成長にともなって「もう3歳なんだから」「幼稚園に入ったんだから」「1年生になったんだから」「お兄ちゃんなんだから」などが枕言葉のようになっていることがあると思います。

また、こちらがせっかくほめたとしても、当の本人の反応も年齢と共に変わってきます。「ふーん、そうかな？」と取り立ててうれしそうな顔をするわけでもなく、無反応だったりもして、親としては肩すかしを食わされたような気分になることもあります。口応えも増えてきますし、ついほめるモチベーションが下がってしまって、ますます言葉が渡せなくなることが、どの家庭でも起きるようです。

ですから、年齢が上がるにつれて、「ほめハードル」は上がってしまうもの。親御さ

んはそう心得ておいて、お子さんの年齢が上がれば上がるほど、「ほめハードル」を下げるように意識していくと「ほめる仕組み」をスムーズに持続していくことができます。

学年が上がれば、勉強面での心配が増えます。都心部ほど「出遅れたら大変」と、無意識に周囲と比較をしてしまうこともあるでしょう。親御さんがそんな焦りを感じたときこそ、次の二つの方法を実践してみてください。

①1日に何回ほめられるかチャレンジしてみる。
②子どもが「自信60不安40」でうまくいったタイミングを逃さずほめる。

それぞれについて説明していきます。

1日に何回ほめられるかチャレンジしてみる

トレーニングのつもりで、1日に何回ほめられるかチャレンジしてみます。朝起きてから寝るまで、「今日は最低50回ほめる」という具合に、普段より一桁大きい数字を目標にします。「そんなにほめられない」と思うかもしれませんが、案外簡単ですよ。

朝ごはんよと声をかけたらすぐダイニングテーブルについた。「すぐ座ったね、えらい！」。これで1回です。「おいしそうに食べるよね～、うれしいな」で2回。

子どもが不思議そうな顔をしたら、「今日は50回ほめる日だよ」と言って、「数えておいてね」とお願いするのもおもしろいですね。50回ほめたつもりが30回だったり、反対に70回だったりするかもしれません。

お米をひと粒も残さなかった、食後に椅子を戻せた、「行ってきます」が言えた、などなど。あらゆることをほめるチャンスとしてとらえる練習です。「ほめるぞ」と思っていると、子どもなりにがんばっているところが見えるようになり、怒っている余裕がなくなるので、意外にのどかな時間が流れます。平和が訪れるのです。

「週末限定１００ほめチャレンジ」など、遊び感覚でトライしてみてください。

「自信60不安40」でうまくいったタイミングを逃さない

子ども自身が「できた！」と確信するほどではないけれど、できた気がする「自信60不安40」のタイミングで「できているね」と声をかけられると、その経験をポジティブにとらえることができるようになります。

たとえば、初めて一人でレジでお金を払う、リコーダーを吹くというとき、子どもの中にはやれるという自信と失敗したらどうしようという不安が混在しています。そのとき、「上手だね」「できてるじゃない」とフィードバックをもらう体験を繰り返すことで、「これでいいんだ」「自分はできているんだ」と、どんどん自信が育ちます。

「完璧にできないと意味がない」という考えにとらわれていると、この大事なタイミングを見逃してしまいます。ほめることができないのですね。

「やればできるかも」の「かも」の部分を感じ取ることができるのは、一番近くでわが子を見ている親御さんだからこそです。「やってごらん」とうながすのに加え、不確実さの中で一歩踏み出せた勇気をその場でほめてあげられれば効果は絶大です。

こうした二つの方法を取り入れながら「ほめハードル」を下げ、「できている」というイメージを持たせてあげてください。

練習の第一歩

「ほめハードル」を下げて、1日50回ほめてみる。

5-4 わが子に合った伝え方でグングン伸ばす

本人のタイプを尊重しよう

子どもの学習について親御さんから相談されたとき、私は必ず勉強以外の話を聞きます。どんな遊びが好きですか？　小さいときどんな子でしたか？　絵本は何が好きですか？　テレビは何を見ますか？　好きなのは戦隊もの？　電車？　ポケモン？　プリキュア？　動物？　どんな口癖がありますか？　といった話です。

得意なこと、好んですることが何かを知りたいのです。なぜならそれがわかると、お子さんの才能や意識が向かう傾向が見えてくるからです。

ビジネスの場でも同じですね。もし同僚や部下と、仕事の話以外は一切しないとなれば、どうでしょうか。関係の結び方もよくわからないですし、何よりどんな力を秘めているのかが見えてこないために、新しい力を発揮してもらうには仕事で試すしかなくなってしまいます。取り返しがつかない失敗をしてしまって、その先のチャレンジ意欲を失わせるかもしれません。また、チャンスを与えることもためらうかもしれません。

できるチームリーダーは、それとなく日頃からそれぞれの人物に関する情報を探り、人となりをキャッチできるよう努めているのではないでしょうか。

ただ、漠然と見ていてもわかりづらいですね。そこで、その人がどういうタイプなのかを把握していくとうまくいきます。

人は五感（視覚、聴覚、嗅覚、触覚、味覚）を通じて情報を得ていますが、どの感覚から得た情報に頭と心が反応しやすいかは、人によって異なります。それを「優位感覚」と呼びます。どの感覚をより多く使う傾向にあるかという、脳の癖のようなものです。その人の優位感覚が何かによって、同じ出来事に対しても感じ取り方が異なってくるのです。

目から入ってきた情報に反応しやすい人は、色彩に敏感だったり、出会った場面を映像で記憶することが多かったりします。

耳から入ってきた情報に反応しやすい人は、周囲の物音に敏感だったり、過去の出来事を思い出そうとすると、そのとき一緒にいた人の表情よりも、その人が何を言ったのかがはっきり思い出されたりします。

そして、触覚や嗅覚、皮膚感覚など身体感覚を通した情報に反応しやすい人は、その場の雰囲気を察知することが得意だったり、過去の記憶とそのときの自分の気分や感覚とが強く結びついていたりします。

それぞれ視覚優位タイプ、聴覚優位タイプ、身体感覚優位タイプと呼びますが、ただの癖ですから、どのタイプが優れているといったことはありません。また、視覚優位の人が身体感覚をまったく使わないというはずもなく、比較的どの感覚を多く使う傾向があるか、ということです。

この感覚タイプで理解すると、その子にとって受け取りやすい伝え方がわかってきます。

優位感覚ごとの特徴を挙げてみると、次のようになります（197ページ参照）。

観察のコツ

さて、お子さんはどのタイプに近いでしょうか。わが子のこととはいえ、最初は判断に迷うかもしれません。まずは、「観察する力」をフルに使ってみてください。よい観察とは、視覚、聴覚、身体感覚を総動員して行うものです。

■優位感覚ごとの特徴

視覚優位タイプ

・モノを記憶するときには、映像で覚える。
・話したり書いたりするときも、「大きく開けた場所に色とりどりの花が咲き乱れていて」といった、視覚的な表現を好む。
・周りの音に気持ちを乱される度合いは低い。
・目から入ってくる情報に反応するため、意識が飛びやすい傾向がある。
・言葉で出される指示を覚えることが苦手。
・見かけを大事にし、相手の外見に心を動かされやすい。

聴覚優位タイプ

・言葉や音を記憶することが得意。
・話したり書いたりするときも、「遠くの小鳥の鳴き声が風に乗って届く、静かに晴れた昼下がり」などと、音に関する表現が入ってくる。
・言葉で伝えられたことを理解し、そのまま繰り返すことが容易にできる。
・「見る・読む」よりも聞いて学習するほうが合っている。
・相手の声の調子や言葉に反応しやすい。

身体感覚優位タイプ

・見えるもの聞こえるもの以上に、その場の雰囲気や感じ方を記憶する。
・話すときは身振り手振りをつけて伝えることが多く、書き表すときも「陽の光が心地よいのどかな昼下がり、春の訪れを感じて自然と笑みが浮かんでくる」といった表現を好む。
・何かをしたり、体を動かしたりすることで、ものが覚えやすくなる。
・早口で話されたり、次々とスライドを切り替えながら説明されると、情報の処理がついていかない感覚が生まれて、思考が止まることがある。
・一つのことをじっくり味わうのが好きで、具体的な感触や感じ方に興味を持つ。

子どものことになると、どうしても、「こうあってほしい」「私の子だから○○に違いない」という願望や先入観に邪魔されがちです。自分が見たいように見て聞きたいように聞いていないか、親御さん自身をチェックしながら、お子さんをあるがままに「観察」してください。

○子どもは何を知っていて、何が得意で、何に気持ちが向かっているかを汲み取る。
○自分と子どもの感覚タイプはどの程度重なり合うか、どんな違いがありそうかに意識を向ける。
○子どもの毎日の変化に気づこうとする。口癖に耳を傾け、目の表情、口元の表情、体の姿勢に目を向けて、体に伝わってくる雰囲気を感じ取るようにする。
○できたかどうかという結果だけを見るのではなく、プロセスにも注意を払って、何に取り組めていて、どこからはうまくいっていないのかを見るようにする。

このようなことに気をつけながら観察していくと、わが子のことがよくわかってきます。いいところや能力、才能に気づいてあげやすくなります。そして、ほめポイントが見つけやすくなる上に、一番伝わりやすい方法で伝えることができます。
これが、人を伸ばすときに最も大切なこと。親御さんが意識しているだけで、接し方、伝え方が変わり、お子さんはどんどん自信をつけていくでしょう。

練習の第一歩

子どもをじっくり観察して、感覚タイプに合わせた関わり方を見つける。

5-5 「ほめる→叱る→ほめる」のサイクルで自信を強化

苦手でも「叱る」は必要

これまで「ほめる」ことの大切さをお伝えしてきました。ここで改めて「ほめる」ということの意味をまとめると、３つの要素から成り立っているように思います。

【「ほめる」の3要素】

①認める
②共感する
③一緒に喜ぶ

①の認めるとは、先入観なしにわが子の姿をそのまま受け取ることです。「そうなん

だね」という感覚です。②の共感するは、子どもの状況をあるがままに理解した上で、子どもの心の内を肯定的に感じ取ることです。「安心したね」「今の自分が好きだよね」といった感じ方ですね。③の一緒に喜ぶは、言葉の通り、こちらが喜ぶのです。「やったね！」「さすが！」という言葉が出てくる瞬間です。

いつも近くで親がこのように見守り、「ほめる」ことさえできれば子育ては十分なのではないかという思いに駆られそうにもなりますが、人を育てるには「ほめる」だけではダメで、やはり「叱る」ことも不可欠です。

最近、「叱る」のが苦手という親御さんの声をよく聞きます。「叱ってやる気を失わせては大変だから、間違いを指摘するのが怖い」「子どもをきつく叱ったら、虐待とか言われないかしら」。でもそれは、「ほめる」の反対が「叱る」だと思ってしまっているからではないでしょうか。

そこで、「叱る」ということの意味についてもまとめてみたいと思います。

「叱る」とは、改善をうながすこと、同じ失敗を繰り返させないよう動機づけることです。自分では気づかない、気づいていても行動に移せない、頭ではわかっているけれど行動したくない、そういった本人の停滞する状態を打開させる働きかけのことです。本人のことを認めていて、今のまま放置していてはいけないと考えるから、叱るのです。
つまり私は、ほめることと叱ることとは、根っこが同じで、状況によって表れ方が変わるだけだと思うのです。「認める」という根っこがあって、本人がうまくいったと感じているその気持ちに共感したときは「ほめる」し、本人が自分の伸びしろに気づかず停滞しそうなときは「叱る」。それだけの違いなのです。

「叱る」は6秒数えてから

このことを意識してさえいれば、叱る際に気をつけることはそれほど多くありません。失敗しない叱り方のコツも3つです。

【「叱る」の3原則】
①親が自分の感情を理解する。
②なぜ叱られているのか、子どもがわかるように伝える。
③子どもの考え方や気持ちを想像する。

この3つで特に大事なのが①です。子どもを叱る必要がある場合の大半は、こちらの感情が波立つときでもあると思います。腹が立ったり、焦ったり、もどかしかったり、情けなくなったり。問題に遭遇したとき、そういうマイナスの感情が生まれることは自然なことです。そういう気持ちが生まれないようにする、といったことは必要ないと思います。

ただし、腹が立つ気持ち＝「怒る」と「叱る」を、区別する必要があります。腹が立つ気持ちのままに、相手に何かを言ってしまったときには、「今、自分は叱れてないな。怒りを伝えているだけだな」と、自分の感情を理解するのです。

このときに「本人のために叱ってあげているんだ」と自分を正当化しようとすると、非常にまずい展開になります。認める気持ちがないままに、マイナス感情を表してしまうことは、くれぐれも避けましょう。

心の中で「1、2、3、4、5、6」と6秒数えて、それから口を開くようにするだけでも、ずいぶん落ち着いて話せると思います。

②のなぜ叱られたのかがわかるように伝えることも、心がけたいですね。

○方法を間違えたから叱られた。
○方法は合っているが、質、水準が期待外れだから叱られた。
○意識の面で反省すべき点があるから叱られた。
○順番を間違えた、優先順位が違っていたから叱られた。
○ルールを破っているから叱られた。

など、「なぜ?」が子どもにとってわかるものでなければ、叱っても本人の気づきや改善行動につながりません。子どもに伝わる言葉を選びたいですね。

そして③の子どもの考え方や気持ちを想像するという点ですが、先にお話しした【「ほめる」の3要素】と重なります。観察、理解、共感で、子どもに接するようにしてください。

叱ったあとのフォローに全力を注ぐ

さて、叱ったあとには必ずフォローが必要です。フォローの方法とは、「ほめる」ことです。子どもが再トライしたことに対して、「すぐにはじめられたね!」「さすがだね！」「できると思っていたよ」と素直に認め、あなたを信頼しているよ、あなたはできる人だと信じているよということを伝えます。

大切なポイントは、どんな言葉を伝えるのかではなく、笑顔で伝えること。大事なのは気持ちです。逆に、絶対にやってはいけないのは、「それ見たことか」と説教を追加することです。「だから言ったでしょ、やればできるんだから最初からやりなさいよ」と、クドクドクドクド……。「叱られないとできないようじゃダメだぞ」と、批評家コメント。どちらもNGです。

信頼しているからこそ叱る。でも、叱ったままでは、子どもの心を不安にさせたり、自信を失わせたりするかもしれない。ですから、「信頼→叱る→信頼の強化」のサイクルを意識してください。これはつまり、「ほめる→叱る→ほめる」のサイクルです。

このサイクルを意識していれば、「叱る」ことへの不安感は和らいでいくと思います。

練習の第一歩

叱るときは、そのあとにほめることもセットで。

コラム③

子どものネガポジ変換表

子どもの様子をポジティブにとらえれば、かける言葉も変わってきます。表を参考に、ほめる機会をどんどん増やしていってください。

	ポジティブなとらえ方
→	親の気持ちを汲み取ろうとする優しい子
→	エネルギーにあふれている
→	好奇心が旺盛
→	丁寧、慎重、考えが深い
→	考えることが好き、競争好き
→	前に進む意欲がある
→	自分の世界を持っている
→	表現したいことがたくさんある エネルギーにあふれている ゴールを先に見せてあげると伸びる子
→	自分の世界を持っている
→	じっくり考えるのが好きな子 周りをよく観察している
→	やったことは着実に身につく、徐々にペースが上がる
→	自分のペースを大事にしている
→	納得したことは集中できる
→	一度覚えたことはずっとできる
→	定着が深い
→	自分の世界を持っている
→	自分で決めて行動できる 自分のリズムを大切にする
→	信頼されて育っている 自分を大切にできる
→	心のバランスがいい 未来志向で力を使える
→	母には自分のことを誰よりもわかっていてほしいという
→	絶対的な信頼を寄せている 成長している姿を見せたい
→	映像感覚に優れている
→	図形センスがある 文章の映像化センスがある

子どもの様子	ネガティブなとらえ方
自分の考えをあまり言わない	意思がない
じっと座っていられない	落ち着きがない
	集中力がない
文章を読むのに時間がかかる	遅い、鈍い、意欲がない
内容が理解できているのに、細かな間違いをする	ミスが多い、不注意、集中していない
	そそっかしい
人の話を最後まで聞かない	落ち着きがない
	話が聞けない
あまり話さない	内気、幼い、優柔不断
	自信がない
勉強を開始するまでに時間がかかる	ぐずぐずしている
	やる気がない
	遅い、だらだらしている
覚えるのに時間がかかる	勉強が苦手
	記憶力が弱い
集団遊びに参加しない	内気、引っ込み思案
	社交性が低い
失敗しても翌日にはケロッとしている	反省しない、自分に甘い
	向上心がない
母の言うことを聞かない	反抗的、精神年齢が低い
	頑固、反省しない
落書きをよくする	集中力がない、ふざけている
	手がかかる

CHAPTER 6

「小4の壁」対策は今日からはじめられる

［将来の不安を限りなくゼロに近づける］

6-1 小4は「自立力」が急上昇する大チャンス！

子どもの年齢によって子育てタスクは変わり続ける

共働き家庭が直面する問題といえば、「小1の壁」「小4の壁」。さらにいえば、その前の保育園の段階で、入所が容易ではないという社会的な背景もあり、実に深刻です。

小1の壁は、保育園と小学校の環境の違いや、学童の閉園時間の早さから起こる問題ですね。公的な学童は夕方6時で終わってしまうところが多く、保育園よりも預かり時間が短く、子どもが家で一人で過ごすことになります。

親御さんから見ると、成長したとはいえ就学したばかりのわが子は、まだまだ頼りない。「一人でちゃんと過ごせるかな」と、心配が尽きないと思います。

また、子どもの就学時に時短勤務制がなくなる企業も多く、就学を機に働き方の変更を迫られる親御さんが多くいるのが現状でしょう。特にお母さんの中には、「仕事を辞めようか」と悩まれる方もいますね。

大手企業では小3まで時短勤務が使えるケースも少なくないと聞きます。子どもの成長は早いもので、バタバタと日々戦いを続け、気がつけば小4。わが子もそこそこやれるようになってきた。そこで、「お母さん本格的に復帰して、フルタイムでバリバリ働くね」と家族の協力体制を整えたところ、「小4で学童落ちた!」問題が。

ご両親の勤務形態をはじめとする各種条件の審査により、地域によってはもっと早い小2、小3の段階で、ずっと通えると思っていた学童へ行けなくなるという状況に陥ってしまうケースもあると聞きます。

そうなった場合、兄弟がいるケースや祖父母などの親類が近くにいるなら、まだ対応策を練ることができますが、そうではない場合は、いきなりわが子の居場所がなくなり、安全面の心配が募ります。夜遅くまでの預かりや夕食まで出してくれるなど、サービスが充実している民間の学童があれば少々料金が高くても入れたいのだけど、近隣にはない。そうなると、何としても家族というチームで乗り切る必要が出てきます。

また、小4くらいになると、学童へ行きたがらなくなる子も増えるといいます。ずっと一緒に遊んでくれていたお兄ちゃんお姉ちゃんが来なくなったり、中学受験の塾へ通いはじめたりするからです。

子「もう学童行きたくない」
母「え〜、なんでよ〜、行ってよ」
子「○○お兄ちゃんもう来ないから、つまんない」
母「でも家で一人なんて心配だし、どうせテレビばっかり見るんでしょ」
子「そんなことないよ！」
母「じゃあ、塾に行く？」
子「やだ〜（涙目）」

この調子では、学習塾であろうが進学塾であろうが、自主的に通うことは難しそうですね。お母さんの対応からも、一人で留守番させる準備ができていないようです。小4の壁には、小1のときとは異なる問題があります。

小4で学校の勉強も激変

こうして、保育園、小学校入学から小4あたりまでの流れを見てみると、毎年のように子育ての仕組みが変わり続けるわけですね。また、学校の勉強でも小4は大きなポイントになる学年です。実は、小4の勉強は小3までの勉強とガラリと変わります。

たとえば、小3の社会では身近な地域について学びます。学校近隣の商店街の様子を見学したりしますね。それが小4になると、子どもがまだ行ったこともない地域についての学習がはじまります。その地域の位置、産業、特産物、気候などについて学びながら、「寒い地域に暮らす人は、自分たちとは◯◯な面で違うんだな」と理解していきます。これは、抽象化能力がないとできないことなんですね。

小3までは自分周辺という具体的理解が中心でしたが、小4を機に抽象理解へと学習の段階がワンランク上がるのです。算数も、小数や分数が出てきて、グラフの読み取りも求められるなど、小3までの内容に比べ、レベルは格段にアップします。

つまり、勉強の面でも小4の壁があるのです。内容も難しくなってきて、それまでのように勉強を見てあげることが、ラクではなくなってくることもあるでしょう。

また、中学受験が視野に入っているご家庭であれば、小4から塾へ入れようと計画されている方がほとんどでしょう。そうすると、子ども自身の毎日も大きく変化します。

このように、小４は子どもの生活面と勉強面がガラリと変わる時期です。これを、あえて「自立へのチャンス」ととらえていただきたいのです。そのために何をすればいいかを、ここまでお話ししてきました。

今、お子さんが小４あるいは小５、小６になっているというご家庭にも、本書でお話ししていることは活かしていただけます。

お子さんができることに目を向けながら「半年後にどうなっていてほしい？」「来年、小５になるときには、自分の１日を決められる子になっていてほしいよね。どうやって、自信をつけていこうか？」と、まずはご夫婦でビジョンを話し合っていきましょう。

練習の第一歩

小４を見据え、一人で過ごせるようになる準備開始！

6-2 環境変化に対応しながら最適環境を見直し続ける

たとえば、急に宿題をしなくなったら

小学生の間ずっと通えると思っていた学童へ行くことができなくなると、生活パターンも変わります。小４で学童の審査に落ちたご家庭からよく聞くのが、「宿題をやらなくなってしまった！」という悩みです。

「学童へ着いたらまず宿題をやる」という約束をしっかり守れていたのに、学校から真っすぐ帰宅して家で両親の帰りを待っている間に一人でやれない。親御さんとしては、「学習習慣がついていると思っていたのに、そうではなかったのか」「学童では友達がみんなやるからつられてやっていただけ？」と、ショックですね。

しかし、こういうときも焦る必要はありません。これは、「学習習慣がついていない」のではなく、「環境依存型の学習癖がついている」だけです。

状況を整理して考えていきましょう。

まず、子どもはどういう状態か。小3まできちんと宿題をやってきた子なら、「やらなきゃ」という気持ちは持っています。ですから、勉強する場所で、勉強に仕向けられたらできます。でも、まだ自分一人で勉強できる環境を作る力はないのです。

そして、これまで学童で宿題を終わらせる日々を続けてきた結果、「家はゆっくりするところ、楽しむところ、家族と過ごすところ」という刷り込みが入っているだろうということです。

宿題しなきゃと思って帰宅するけれど、家のドアを開けたらいつもの「家」なので、自動的に解放モードに入って勉強に体が向かわないのです。

この状態の子が、家で一人で勉強できるようになるには、次の3つが必要です。

①部屋の模様替えをして、今までの家イメージをいったん切り替える。

②学校から帰ってきて家のドアを開けてから、荷物を置いて、勉強を開始するまでの体の動きを練習する。

③勉強モードに入りやすいエリア作りをする。

変化はチャンスととらえて

①の模様替えは、ソファーの位置を変えてみる、壁に学習ポスターを貼る、本棚の位置を変えて中の本の場所も入れ替える、といったことでＯＫです。特に玄関周りは、帰ってきたあとの自動反応を防げるので効果的です。

たとえば、玄関ドアにリースをかけてみる、ドアを開けて最初に飛び込んでくる場所に時計を置く、「学校から帰ってきたらすぐやるリスト」を貼っておく、といった工夫をしてみましょう。「いつもと違う」と、一瞬立ち止まるきっかけを作ってほしいのです。

いつも通りの家だと子どもも無意識で動いてしまうのを、いい意味で違和感を生み出すことで、意識の力が働くようにするということです。

②は、「『体の動き』を教えれば日常行動が変わる」（１０９ページ）を参考にして、帰宅してから宿題に取りかかるまでの行動の練習を親子でしてみてください。

最後は、③のエリア作りです。土日などに親がついて一緒に勉強してあげながら、机の上に何が乗っていると勉強気分が続きやすいか、椅子に座っているときにふと目を上げたところに何が見えたら気持ちが切れにくいか、手の届くところに何を置いておけば、宿題でわからないことが起きたときも気持ちが動くか、などを子どもの目線に立って考え、学習エリアを作っていく取り組みです。

コックピットを作るイメージですね。そこに座ればパイロットとして操縦に集中できるように、そこに座れば勉強モードに入れるような空間を、本人と共に作っていきます。

ここでは宿題の例を挙げましたが、環境の変化によって子どもの言動が変わり、親御さんがそれに振り回されてしまうことが多々あります。保育園から小学校の間は毎年のように子育ての仕組みが変わり、またご家庭によっては親御さんの異動、転勤、転職という出来事が重なるケースもあるでしょう。

そのようなときこそ、焦る前に、まず子どもの立場に立って、どのような環境で、どのような行動の順番で、一歩目は何をすれば動き出せるのか、を具体的に形にしていってあげることが大切です。自分が動くイメージが湧くことは、子どもも一人でできるからです。

変わり続ける環境に戸惑うことなく、常に最適な環境を見つけ出していきましょう。お子さんが「自分でできるよ！」と自信を持てるチャンスが、多ければ多いほどラッキーです。

練習の第一歩

子どもが勉強しやすい環境を、子どもと一緒に作る。

6-3 「一人でもOK！」になるために必要なこと

ベースになるのは計算力と語彙力

共働き家庭にとって、子どもが一人で留守番をしてくれると助かりますね。そのために何が必要か、おわかりでしょうか。意外かもしれませんが、ベースの部分で欠かせないのは、基本的な計算力と語彙力です。

いえいえ、勉強の話ではなく……と思われたでしょうが、実はこういうことなんです。

まずは、計算力について。

これまでも繰り返してきたように、時間の感覚や計画力は子どもの自立と大きく関わっています。そして適切な時間の感覚や計画力を持つためには、基本的な四則計算力が必要です。

家に一人でいてパッと時計を見たら、4時25分だった。「ヤバイ、5時にお母さんが帰ってくるまでに宿題終わらせよう！」と思ったとき、残り35分をどう配分すればうまくいくかが体感としてわかる子は、数の感覚が育っている子です。

時計を読むことができても、ただ単に4時25分と理解するだけで、「あと35分ある」という感覚を持てないところで理解が止まっていると、先の見通しは立てられませんよね。だから、宿題に手をつけたとしてもダラダラやってしまったりして、5時になっても半分も終わっていない、なんてことが起きるのです。

数を単に数字として理解するだけではなく、「30分というのは夕飯を食べるくらいの長さだな」「10ページ読むというのは、これくらいの疲れ具合か」「100m歩くのに、ぼくは50秒かかるんだ」といった体感を大切にしてください。時間・長さ・重さ・広さなど、ボリューム感と共に数字をとらえられるかどうかが大事なのです。

次に語彙力。

これは、使える言葉の数を増やすと共に、主語・述語を正しい関係で結んで話せるかという点を重視してください。一人でいろいろなことをこなしていくには、周囲とのコミュニケーションが必要ですね。自分の言っていることが人に伝わるか、また、人が話していることがわかるかというのは、子どもの自信にもつながります。

では、計算力と語彙力の二つがなぜ留守番のベースになるのか。

「一人で留守番できるよ」と言える、また「一人で○○へ行けるよ」と言えるようになるには、「自分は一人でいても大丈夫」という安心感と安定感が必要です。

その安心感と安定感を持たせるには、「自分はこれくらいの時間で○○ができる」「僕は○○が得意」「私は○○な人」と人に言えることが必要なのです。人に言えるということは、自分自身に語りかけることもできるからです。だから、算数や国語の勉強は、学習面のベースであると同時に生活面で自立するためのベースにもなります。

これまで見てきたCHAPTER3〜5は、このように連携し、子どもの自立へとつながっていきます。

「何ができていてほしいか」を決める

小さな頃からご家庭でこのようなことを意識して養っていくと、小学校に上がって一人で家で過ごす時間が増えた場合も、「やれそう?」「大丈夫!」という会話になるでしょう。

小4でいきなり「学童に落ちた!」となり居場所がなくなったご家庭でも、これまでご紹介してきたことをお子さんの年齢に対応させながら実践していくといいですね。ベースを作ることができます。

さて、その上で、「一人でもＯＫ！」と子ども自身が思えるようになるには、行動面での決め事を共有することが大切です。たとえば、小４の時点で２２４ページのようなことができるようになるよう、小さい頃から教えていくのです。

もちろん、何ができるようになっていてほしいかは、ご家庭によってそれぞれです。ご夫婦のビジョンと話し合いで決まっていくものです。

また、親の側としては、「子どもにやらせたくないこと」を話し合っておくといいですね。一人で電車やバスに乗ってほしいから、Ｓｕｉｃａを使わせるけれど、買い物には使わせたくないなどといったことです。

決められたことを実践するのは、子どもにとってそれほど難しくはありません。しかし、親が「いつまでに教えよう」というビジョンを持っていないと、就学や小４が目前に迫って焦ってしまい、子どもの側に何の準備もできていないのに、あれもこれもと、集中的にやらせようとするから反抗に遭ったり、混乱を招くのです。

■できるようになっていてほしいこと

小４になるまでには……

時計が読める
➡ 自分の行動を計画的に行うため、絶対に必要。

家の電話に出ることができる
➡ 今は携帯でやり取りするご家庭が多いので、出ないという選択肢もアリ。

ドアチャイムへの対応
➡ モニターがある場合は見方や判断の仕方を。出ないという選択肢もアリ。

家の住所や電話番号が言える
➡ 迷子になったときに「おうち、わからない」では困る。

鍵の管理
➡ 家を出るときは鍵をかけ、バッグの決められた場所にきちんと保管する。

隣近所に挨拶ができる
➡ 近隣の大人に「○○さんちの□□ちゃん」と知ってもらうことは必要。

一人で電車に乗れる
➡ suica など電子マネーの使い方、チャージの仕方、乗換方法など。最近は中抜けして習い事へ行ける学童も増えているよう。

道に迷ったときの尋ね方
➡ 習い事などでよく行く場所があるなら、警察の場所を確認。「このお店の人に聞くといいよ」など、前もって決めておくと子どもも安心。

友達と遊ぶときのルールを守る
➡ 親に連絡もなく誰かの家へ遊びに行ってもいいのか、必ずメモを残せばＯＫなのか、５時までには絶対帰るというルールなのか……。
家の方針を決め、子ども自身がルールを理解して守るということが必要。

困ったことが起こったときの対処法
➡ 動き方がわからなくなりそうなこと、たとえば、冷蔵庫にあるおやつを探すのが苦手などといったことは、「行動チェックリスト」を作成して、おやつを食べないまま親の帰りを待つという状況になるのを避ける。

子どもに自主的に動いてもらわなければならないそのときになっていきなり押しつけるのは、酷というもの。最低でも2ケ月くらい前から親子で練習すれば、日常にしっくりとなじんでくるはずです。

練習の第一歩

できるようになってほしい2ヶ月前から親子で練習。

6-4 中学受験をするなら、入塾前の準備にたっぷり時間を

共働きだからこそ必要な心づもり

わが子が小3、小4あたりで学童へ行きたがらなくなった。または、行きたいし、ぜひ行ってほしいのに学童の審査で落ちてしまった。共働き家庭がわが子の安全な居場所をどう確保するかという問題に直面したとき、頭に浮かぶ選択肢の一つが「塾へ入れようか」でしょう。

「どうせ入れるなら学習塾じゃなくて、中学受験専門の進学塾じゃない？」「え？中学受験させる？」「将来的にそのほうがよくない？」「でも、あの子にできる？」。地元の公立中学で十分と思っていたのに、さてどうすれば？という方々に向けて、ここでは共働き家庭が中学受験に臨む際のポイントについてお話ししていきます。

最初にお断りしておくと、共働き家庭で中学受験をするのはラクではありません。正

直、とても大変です。なぜ大変かというと、早くから準備しなくてはいけないからです。

中学受験に親のサポートは欠かせません。中学受験の勉強は家庭学習が不可欠で、塾の宿題やテスト勉強のスケジュールの管理が必要です。できるだけ早いうちに子ども自身でやれるようになってもらうとしても、親のサポートなしには難しい。だからこそ、入塾前の親御さんの心づもりと準備が必要です。

まず、お子さんとの関わりの面から。大切なのは次の３つです。

①学習習慣をつける手間を惜しまない
「勉強は毎日やるもの」「宿題は自分でやるもの」ということを、子どもにとって当たり前にする。そのベースになるのが、これまでも繰り返しお伝えしてきた時間の感覚。自分で自分の過ごし方を決められるよう、朝ごはんミーティングからはじめましょう。

②「自分はこれくらいできる人だ」という確認を本人と一緒に何度も行う
「今日の宿題、何分で終えられそう?」「うーん、15分かな」という会話が基本です。作業にかかる時間を子どもに予測させ、「じゃあ、どんな順番でやる?」というところ

まで打ち合わせできるコミュニケーション習慣があると、子どもに「自分はこれくらいできるんだ」という認識ができます。

その確認を親子ですることなく、塾のカリキュラムに放り込んで「厳しい環境でも慣れればやっていけるだろう」というのは大いなる誤解です。入塾前に、塾のカリキュラムに対応していける自信を授けてあげましょう。

③スピード感を持って問題を解くのに慣れておく

大手進学塾には入塾テストがあります。国語と算数の2教科ですが、問題量は学校のテストの2~3倍。計算や国語の問題文を読み下すスピードをつけられるような問題集やドリルに、慣れておくといいですね。

塾を子どもも納得の「居場所」にするために

両親共忙しいままに、「居場所がなくなったから塾へ」「どこかの私立中学には受かるだろう」と流されるような形で中学受験に突入してしまっては、受験する当の本人である子どものやる気は芽生えません。

ただ、今挙げた３つの準備を頭に入れて実践していけば、共働き家庭での中学受験の成功のしやすさは、グンと高まります。もう小４だというご家庭も、まず今日から１ヶ月、学力アップの土台作りととらえて、取り組んでみてください。

共働きだからこそ、低学年から進学塾へお子さんを入れるご家庭も少なくありません。早めに入れれば勉強ができるようになるとお考えなのですね。しかし、思うようにいかないことのほうが多いようです。もちろん、塾は中学受験対応の勉強を教えてくれる場所ではありますが、お子さん自身に自分をコントロールできる力が備わっていないと、勉強を続ける意欲が継続されないのです。

学習面談を行っていると、せっかく塾へ入れたのに勉強しないわが子に業を煮やした親御さんから、「監視役を置かなきゃ」「勉強を見てくれるシッターさんを雇おうか」という言葉を聞くことがあります。「何歳くらいになったら、自分から勉強するようになるんですかね？」と平然と質問してくる方もいらっしゃいます。

ここまでお読みくださったみなさんはもうおわかりの通り、「何歳になったら」ではありません。自分から勉強できるようになる導き方、育て方をしてきたかどうかが大切なのです。

勉強の主体は子どもです。しかし、中学受験は親子の共同作業です。親がフォローしていく生活をイメージしながら、入塾後に慌てないようにしたいですね。

練習の第一歩

入塾前に、子どもが自分で勉強できる習慣作りを進めておく。

コラム④

共働き家庭、中学受験の疑問解消

Q1　何からはじめればいいですか？

A「18歳の時点でどういう状態にさせてあげたいか」を夫婦で確認し合うことです。「〇〇大学くらいは入れるんじゃない？」といった曖昧なことではなく、「文武両道がいいね」「たくさんの友達と刺激し合える環境を」など意見を出し合い、夫婦でわが子の未来像がどの程度一致しているのかを確認するのです。共働き家庭は忙しいからこそ、できるだけ早くからこのような時間を持ち、小3までに方向性を決めておきます。

Q2　中学校の情報はどこで入手できますか？

A　Q1の過程で、自然に学校選びの話が出るでしょう。私立でも旧来型の有名校を目指したいのか、個性重視の中堅校か公立中高一貫校か。校風、ブランド、学費（塾代含む）なども含め、まずは学校名を挙げずにイメージを出し合い、その上で『中学受験案内』などのガイド本や教育情報雑誌を見て気になった学校のホームページへアクセスします。

一番いいのは、塾の入試報告会や私学フェアなどの学校説明会へ足を運ぶことです。家から通える範囲にある学校、最近評判を上げている学校など、新鮮な情報が手に入ります。ただ、説明会は時期が限られています。ですから、共働きの場合は情報収集も長期計画で組んでおきましょう。

Q3　塾選びのポイントは？

A　中学受験専門の塾を選ぶのが基本です。大手塾のほか、大手準拠塾や地元の個人塾もあります。最寄り駅に通わせたい塾がない場合は、子どもが一人で動けるエリア内で探しておき、入塾の時点で安全に通えるよう練習しておきたいですね。私立に絞る場合は小4からの入塾がおすすめ。公立中高一貫校の場合は、小5からスタートを切る子も多数います。

Q4　子どもをその気にさせるには？

A　いろいろな中学を親子で一緒に訪ねて、学校の雰囲気を感じてみましょう。オープンキャンパス、授業体験会、文化祭、体育祭などのチャンスを活かすには、やはりお子さんが小さいうちからの取り組みと計画がカギになります。

また、日頃から「いろいろな中学校がある」「自分で選べる」「高校までそのまま行くことができる中学校もある」ということを家族の会話にのぼらせていくと、子どもが興味を持ちやすくなります。塾の存在も子どもはわかっていませんから、前を通るときに気づかせたり、新聞のチラシを一緒に眺めたりしてみましょう。

日常の中で「中学」「私立」「塾」「勉強」などの言葉を、さりげなく登場させ、本人の意識にふれさせてあげるのがコツです。

Q5　入塾テスト対策で必要なことは？

A　小4から塾に入る場合、入塾テストは小3の11月頃から実施され、科目は算数と国語です。学校の勉強でいえば、それまでに1学年上の勉強を目指せるといいですね。テストに慣れておくとさらに安心なので、大手進学塾などが毎年6月と11月頃に実施している無料テストをうまく利用してください。

算数は、暗算力を高めるような勉強を。筆算のとき、繰り上がりの数字を式の近くに書かずにやってみる練習をすると、計算力にスピードがつきます。

国語は、長文に慣れること。最初はザックリ読みで結構ですから、長い文章への抵抗感をなくしてあげることが大切です。その後、知らない漢字や言葉をノートに書き写し、調べたあとで読むようにすると、語彙力がアップします。

あとがきにかえて――仕上げは、わが子の手を放す練習

自立する子に育てるために、大切な関わり方があります。その関わり方を本書では「親の練習」とし、共働き家庭のタイムテーブルや共働き家庭に起こりがちなシチュエーションに合わせ、具体的に提案してきました。

「これならわが家ですぐに実践できそう」とピンときたものがあれば、どんどん試してみてください。そして、「わが家には合わないな」と思うものは、ご家庭なりにアレンジしてみてください。そして、お子さんの成長とご夫婦の仕事の状況に合わせて適宜調整しながら、ぜひとも続けてみてほしいと思います。

その結果、お子さんは自立した人生へと舵を切って一歩一歩進んでいくでしょう。しかし、自立力が十分に育ったかどうかをはかる物差しが、どこかにあるわけではありません。

子どもによって、成長のタイミングは異なります。

ゆっくりあと伸びの子もいれば、早熟タイプの子もいます。もともと何でも自分でやるのが好きな子もいれば、誰かと一緒にやることで安心して力を発揮できる子もいま

す。一律にはかれるものではないのです。

でも、ただ一つだけ、子どもの自立を親が確認できる瞬間があります。それは、親御さん自身がお子さんの手を放せたときです。

わが子が頼りなく見え、ぎゅっと握りしめていた手を放せたのは「練習」の成果。親御さんのがんばりが実ったのです。ご自身を、そして、パートナーをほめてあげてほしいですね。

子どもの教育に関して、「先行投資」という言葉がよく使われます。小さいうちから教育にお金をかけたり、中学受験させたりすることを、主に指しています。

でも、子どもの教育にかけるお金は、基本的に消えていくものです。うまくいけば、忘れた頃に何かしらの見返りがあるかもしれませんが、それはわが子ではなく孫の代になっている可能性も少なくはないでしょう。

「これだけあなたにかけたのだから、立派になってくれないとお父さんもお母さんもがっかりだよ」とリターンを期待しているのは、手を放せたことにはなりませんね。

それは、自分たちの延長線上にわが子を置こうとする考え方であり、子どもの存在をあるがままには認められていない姿です。親が子どもから自立できていないことと、同じです。

あえてリターンという言葉を使うなら、そもそも子どもがいてくれて、毎日元気に過ごす姿を見せてくれているだけで、すでに親のリターンは得ていると私は思います。

子どもは成長と共に、親との距離をどんどん変えていきます。甘えん坊だった子どもが急に反抗をはじめたり、母親べったりだったのが打って変わって父親と一緒にいたがるようになったり、「パパ」「ママ」と呼んでいたのがオリジナルの呼び方を編み出し、それが時と共にさらに変わっていったり。

子どもなりに親との関係を居心地のいいものに変化させながら、家族というチームと自立する自分との折り合いをつけているのです。

子どものそんな変化に気づいたときこそ、子どもを信じるチャンスです。「成長していく力があなたにはあるね」とそばで見守り、そっと、そぉーっと、手を放す準備をしていってほしいと思います。

その先には、お子さんが「自分を好き」でいられれ、「自信を持って」周囲と接し、「自分の人生を切り開く」姿を見せてくれるという、親にとって何よりの幸せが待っています。

２０１８年10月

小川大介

親も子もハッピーになる
最強の子育て

2018年10月31日　第1刷発行

著　者　小川大介
発行者　江尻 良
発行所　株式会社ウェッジ
〒101-0052
東京都千代田区神田小川町1-3-1 NBF小川町ビルディング3階
電話：03-5280-0528　ＦＡＸ：03-5217-2661
http://www.wedge.co.jp　振替00160-2-410636

ブックデザイン　TYPEFACE（AD 渡邊民人・D 谷関笑子）

ＤＴＰ組版　株式会社リリーフ・システムズ

印刷・製本所　図書印刷株式会社

ISBN　978-4-86310-208-8　C0037